河南省高速公路养护标准化手册

（标准化管理、标准化施工、标准化监理）

高建立 主 编

人民交通出版社

内 容 提 要

本书主要内容包括高速公路养护标准化管理、高速公路养护标准化施工、高速公路养护标准化监理三部分内容，旨在对高速公路养护工程全面推进标准化管理——细化维修保养管理流程，规范和要求各类路面养护施工作业流程，完善日常养护工程监理流程，形成一套行之有效的标准化养护管理制度，实现高速公路养护管理标准化、程序化、精细化、科技化。本书对高速公路养护工作标准化具有一定的指导作用。

本书可供从事高速公路管理、养护、监理、施工的人员参考使用。

图书在版编目(CIP)数据

河南省高速公路养护标准化手册/ 高建立主编. —北京：人民交通出版社，2011.4

ISBN 978-7-114-09013-4

Ⅰ. ①河… Ⅱ. ①高… Ⅲ. ①高速公路 - 公路养护 - 标准化 - 河南省 - 手册 Ⅳ. ①U418.2-65

中国版本图书馆 CIP 数据核字(2011)第 060565 号

书　　名：河南省高速公路养护标准化手册（标准化管理、标准化施工、标准化监理）
著 作 者：高建立
责任编辑：王文华
出版发行：人民交通出版社
地　　址：（100011）北京市朝阳区安定门外外馆斜街 3 号
网　　址：http://www.ccpress.com.cn
销售电话：（010）59757969，59757973
总 经 销：人民交通出版社发行部
经　　销：各地新华书店
印　　刷：北京市密东印刷有限公司
开　　本：880 × 1230　1/16
印　　张：10.75
字　　数：208 千
版　　次：2011 年 4 月　第 1 版
印　　次：2011 年 4 月　第 1 次印刷
书　　号：ISBN 978-7-114-09013-4
定　　价：28.00 元

《河南省高速公路养护标准化手册（标准化管理、标准化施工、标准化监理）》

编 委 会

主　　任：范跃武

副 主 任：关　健　顾光印　吕少峰

主　　编：高建立

副 主 编：张　超　刘国杰　李　平　郭铁惠　陈　琳

编委会成员：郝　玮　何亚琪　王长城　李铁成　王国晓
王世英　王平安　赵豫生　刘金江　王小川
李继峰　封小虹　陈　瑞　裴　凯　王新举
黄宏慧　张　灿　何洪潮　宋广全

前　　言

为了更好地贯彻执行河南省交通运输厅高速公路管理局下发的《河南省高速公路养护管理办法》,编者结合河南中原高速公路股份有限公司养护管理实践,编制了《河南省高速公路养护标准化手册》,包括高速公路养护标准化管理、高速公路养护标准化施工、高速公路养护标准化监理三部分内容。此手册旨在对高速公路养护工程全面推进标准化管理——细化维修保养管理流程,规范和要求各类路面养护施工作业流程,完善日常养护工程监理流程,形成一套行之有效的标准化养护管理制度,使养护管理各个层面、各个环节、每一个养护单位、每一位养护员工都能高效、规范养护工作,每一道工序和每一项工作内容都能精细、高效、协调和持续进行。通过这样一套完整的标准和办法,规范和指导高速公路养护工作,使高速公路养护管理标准化、程序化、精细化、科技化,从而实现全省高速公路"管理争第一,服务创品牌"的目标。

本书在编写过程中,得到了河南省交通运输厅、河南省交通运输厅高速公路管理局、河南交通投资集团有限公司等单位领导的关心与支持,在此谨致谢意。由于编写时间有限,书中仍有许多不尽之处,恳请读者评批指正。

作　者

2011 年 3 月

目　录

第一章　高速公路养护标准化管理

第一节　总　　则

一、定义

维修保养是指为保持高速公路及其附属设施的正常使用功能,而进行经常性、周期性、预防性养护和维修工作,使高速公路及其附属设施保持完好状态,确保道路状况和使用品质良好。

二、分类

按照工作内容分为:巡查、日常保养、小型维修。

(1)巡查内容

①日常巡查。

②定期巡查。

③特殊巡查。

④专项巡查。

(2)保养内容

①路基保养。

②路面保养。

③桥涵隧保养。

④交通安全设施保养。

⑤环保设施保养。

⑥绿化保养。

(3)小修内容

①路基小修。

②路面小修。

③桥涵隧小修。

④交通安全设施小修。

⑤环保设施小修。

⑥绿化补植。

三、流程及分工

流程及分工见表1-1。

流程及分工　　表1-1

流　程		分　工		
巡查		业主	监理	承包人
↓	→	(1)日常巡查:包括监控巡查、步行巡查、集中巡查、桥涵隧经常检查。业主负责监控巡视,组织桥涵隧经常检查,参与集中巡查、步行巡查;监理工程师负责步行巡查、集中巡查、桥涵隧经常巡查。 (2)定期巡查:由业主委托的试验检测机构完成,业主参与。 (3)专项巡查:以业主为主,监理工程师协助,承包人配合。 (4)特殊巡查:以业主为主,监理工程师协助,承包人配合		
"维修保养通知单"下发				
↓	→	主体	协助、配合	落实、执行
实施				
↓		监督	过程监督	主体、实施
过程检查、中间交工	→			
↓	→	检查、抽查	主体、中间交工验收	主体、自检
验收	←	主体、组织	协助、参与	协助、配合

四、职责划分

(1)(分)公司养护总体负责人:(分)公司总经理。

总体负责维修保养工作,对上级主管单位负责,每月不定期检查和抽查不少于1次。

(2)(分)公司养护具体负责人:(分)公司主管副总经理。

全面负责维修保养工作,对(分)公司总经理负责,每月不定期检查和抽查不少于2次。

(3)(分)公司养护部总体负责人:(分)公司养护部经理。

具体负责维修保养工作的组织和开展,主持养护部日常管理工作,对(分)公司主管副总经理负责,每月不定期检查和抽查不少于4次。

(4)路段负责人:分公司养护部经理、副经理或成员。

根据维修保养工作需要,每40~50km 1人为宜。

具体负责分管路段的巡查(参与集中巡查、步行巡查、定期巡查,负责专项巡查、特殊巡查)和"维修保养通知单"下发及维修保养现场管理、验收,对分公司养护部经理负责,每周不定期检查和抽查不少于3次。

(5)其他责任人:(分)公司养护部成员。

日常巡查责任人:1～2人为宜,负责利用远程监控对辖区高速公路进行巡查,对(分)公司养护部经理负责,并配合路段负责人工作。

合同管理责任人:1人为宜,负责辖区施工、监理等合同的管理,对(分)公司养护部经理负责。

内业资料责任人:1～2人为宜,负责辖区内业资料的管理、路桥管理系统的应用与维护,对(分)公司养护部经理负责,并配合路段负责人工作。

桥梁养护工程师:1人为宜(允许兼职),负责组织辖区桥涵隧的经常检查、定期巡查、专项巡查和特殊巡查,对(分)公司养护部经理负责。

第二节　巡查和通知单

一、巡查

巡查是通过全程摄像监控、乘车或步行的方式,对路基、路面、桥涵隧、交通安全设施、环保设施、绿化的技术状况进行经常、定期或随机性检查,及时查找影响其健康和使用功能的不良因素,为维修或保养措施提供决策依据。

巡查是维修保养工作的基础,同时也是编制维修保养计划、养护专项计划和下发"维修保养通知单"的基础和依据。

1.巡查模式

巡查分为日常巡查、定期巡查、特殊巡查和专项巡查。

2.巡查主体(表1-2)

巡查主体及其巡查模式　　表1-2

巡查主体 \ 巡查分类	日常巡查(监控巡查、集中巡查、步行巡查、桥涵隧经常检查)	定期巡查	特殊巡查	专项巡查
业主	监控巡查:★ 集中巡查:☆ 步行巡查:☆ 桥涵隧经常检查:☆	☆	★	★
监理工程师	集中巡查:★ 步行巡查:★ 桥涵隧经常检查:★		☆	☆
试验检测机构		★		

注:表中★代表为主体,☆代表为辅助。

3. 巡查制度

1)日常巡查

日常巡查是对路基、路面、桥涵隧、交通安全设施、环保设施和绿化技术状况进行的经常性查找影响其健康和使用功能不良因素的检查,是制订维修保养计划和下发“维修保养通知单”的基础和依据。

(1)监控巡查

监控巡查是利用远程监控系统,对路基、路面、桥涵隧、交通安全设施、环保设施、绿化出现的明显病害及承包人现场施工作业、监理工程师现场工作状况进行的宏观、实时动态的检查,是进行日常考核、制订日维修保养计划及下发“维修保养通知单”的基础和依据。

①方式

由业主(养护管理部门)1~2名日常巡查责任人利用远程监控系统,对辖区高速公路进行巡查。

②频率

每天8:30~11:30,14:30~17:30。

③主要内容

a. 路容路貌与明显病害

路基边坡、边沟水毁。

路面较大散落物、坑槽、唧泥。

桥面较大散落物、坑槽。

护栏、标志、防眩板(网)、防落网、隔离栅(刺丝)缺失、倒伏,标线损坏。

声屏障缺损、倒伏。

中央分隔带绿化苗木枯死、缺失。

b. 维修作业

承包人是否按照“维修保养通知单”和当天的计划在规定的地点进行施工。

施工作业是否规范。

施工人员着装是否符合要求。

保通人员数量及工作状况。

施工现场保洁情况。

c. 保养作业

护路员工作情况。

d. 监理工程师工作情况

监理工程师着装是否符合要求。

监理工程师是否按规定进行旁站、巡视。

监理工程师是否按规定进行步行巡查。

e. 其他

执行特殊任务时，如迎宾、大件运输等情况下，施工作业点的撤离情况。

对施工作业时间和作业区段有特殊要求时，承包人的落实情况。

④记录

巡查结束后，业主日常巡查责任人负责填写“维修保养(远程监控)巡查记录表”(附表一)。

业主路段负责人根据巡查结果，下发“维修保养通知单”。

业主内业资料责任人负责存档。

⑤特殊情况

a. 遇到大风、大雾、暴雨、雪等恶劣天气或监控设备出现故障时，安排人员乘车上路巡查。

b. 监控巡查中发现问题，需要进一步核实时，及时安排人员乘车上路巡查确认。

(2)集中巡查

集中巡查是对路基、路面、桥涵隧、交通安全设施、环保设施、绿化及承包人现场施工管理进行的动态为主、静态为辅的检查，能够查找监控巡查所不能发现的较为明显的病害，是监控巡查的补充巡查，是进行日常考核与制订日、周维修保养计划及下发“维修保养通知单”的基础和依据。

①方式

由监理工程师负责，承包人配合，业主路段负责人参加。

车行为主，必要时停车检查。

②频率

每周进行 1 次。

③主要内容

a. 路容路貌与明显病害

路基：路基清洁情况与明显水毁，路缘石、拦水带明显损坏。

路面：清洁情况、明显病害。

天桥：涂装损坏、防落网明显缺损。

桥面：清洁情况、明显病害。

隧道：路面、检修道清洁情况，内装清洁、明显损坏情况，排水不畅情况。

交通安全设施：清洁情况、明显缺损、涂装损坏。

绿化：苗木长势、缺失。

其他：施工质量与时效、安全生产、环境保护情况。

b. 维修作业

承包人是否按照“维修保养通知单”和当天的计划在规定的地点进行施工。

施工作业区布置、标志牌摆放是否规范。

施工作业是否规范。

施工人员着装是否符合要求。

保通人员数量及工作状况。

施工现场保洁情况。

c. 保养作业

护路员工作情况。

d. 监理工程师工作情况

监理工程师着装是否符合要求。

监理工程师是否按规定进行旁站、巡视。

监理工程师是否按规定进行步行巡查。

④记录

巡查结束后,监理工程师填写"维修保养(集中)巡查记录表"(附表二)。

监理工程师将需要维修的病害统计后(附必要的照片),于次日 9:00 前,以电子邮件形式发给业主路段负责人。

路段负责人根据巡查结果,下发"维修保养通知单"。

每月 25 日前,监理工程师将当月的"维修保养(集中)巡查记录表"汇总后,上报业主内业资料责任人存档。

(3)步行巡查

步行巡查是对路基、路面、交通安全设施、环保设施、绿化进行的更为细致的现场静态检查,是对监控巡查、集中巡查中不易观察到的部位或不易确认的病害进行的补充巡查,是进行日常考核与制订日维修保养计划及下发"维修保养通知单"的基础和依据。

①方式

监理工程师负责,承包人配合,业主路段负责人每周参加 1 次。

采用步行巡查方式。

成员不少于 3 名(其中但不限于监理工程师 2 人、承包人 1 人)。

②频率

原则上每天巡查 1 ~2km(单幅),每半年将监理路段巡查 1 遍(双幅)。

③内容

路基:路肩边沟不洁、路肩损坏、边坡坍塌、水毁冲沟、路基构造物损坏、路缘石(拦水带)缺损、路基沉降、排水系统淤塞。

路面:龟裂、块状裂缝、纵向裂缝、横向裂缝、坑槽、松散、沉陷、波浪壅包、泛油、修补。

交通安全设施:防护设施缺损、隔离栅损坏、标志缺损、标线缺损。

环保设施:声屏障损坏。

绿化:管养不善。

④记录

检查时,监理工程师应记录当天发现的问题,填写“维修保养(步行)巡查记录表”(附表三)。

监理工程师将需要维修的病害统计后(附必要的照片),于次日 9:00 前以电子邮件形式发给业主路段负责人。

路段负责人根据巡查结果,下发“维修保养通知单”。

每月 25 日前,监理工程师将当月的“维修保养(步行)巡查记录表”上报业主内业资料责任人存档。

(4)桥涵隧经常检查

桥涵隧经常检查是对桥梁、涵洞、通道、隧道结构和附属构造物技术状况进行较为细致地查找早期破损、明显病害和淤塞的经常性现场静态检查,是进行日常考核与制订月度、季度维修保养计划及下发“维修保养通知单”的基础和依据。

①方式

业主桥梁养护工程师组织,桥梁专业监理工程师负责,驻地监理工程师、监理员协助,总监理工程师参加,承包人配合。

采用步行巡查方式。

②频率

技术状况评分≥75 分的一、二类桥梁,技术状况评定为好、较好的涵洞、通道,及技术状况评定为 S(无异常)的隧道,每季度检查 1 次;其余评定等级且未进行维修、加固的结构物,应每月检查 1 次。

③内容

a. 桥梁

外观是否整洁,有无杂物堆积、杂草蔓生;构件表面涂装层是否完好,有无损坏、老化变色、开裂、起皮、剥落、锈迹。

桥面铺装是否平整,有无裂缝、局部坑槽、积水、沉陷、波浪、碎边。

混凝土桥面是否有剥离、渗漏,钢筋是否漏筋、锈蚀,缝料是否老化、损坏,桥头有无跳车。

排水设施是否良好,桥面泄水管是否堵塞和破损。

伸缩缝是否堵塞卡死,连接部件有无松动、脱落、局部损坏。

人行道、栏杆、扶手、防撞护栏和引道护栏(柱)有无撞坏、断裂、松动、错位、缺件、剥落、锈蚀等。

结构有无异常变形、竖向振动、横向摆动等。

支座是否有明显缺陷,活动支座是否灵活,位移量是否正常。

桥位区段河床冲淤变化情况。

基础是否受到冲刷、损坏,是否外露、悬空、下沉,墩台及基础是否受到生物腐蚀。

墩台是否受到船只或漂浮物撞击而受损。

翼墙(侧墙、耳墙)有无开裂、倾斜、滑移、沉降、风化剥落和异常变形。

锥坡、护坡、调治构造物有无塌陷,铺砌面有无缺损、勾缝脱落、灌木杂草丛生。

标志、标线、照明设施及其他附属设施是否完好。

其他损坏或病害。

b. 涵洞、通道

涵洞进水口是否堵塞,沉沙井有无淤积。

涵洞有无淤塞、排水不畅,通道有无积水、排水设施淤塞。

涵洞、通道周围是否杂物堆积,涵洞、通道内是否清洁、漏水。

涵洞、通道周围路基填土是否稳定和完整。

涵洞、通道结构是否有损伤。

c. 隧道

洞口:边(仰)坡有无危石、积水、积雪、挂冰,边沟有无淤塞,构造物有无开裂、倾斜、沉陷等。

洞门:有无结构开裂、倾斜、沉陷、错台、起层、剥落、渗漏水(挂冰)。

衬砌:有无结构开裂、错台、起层、剥落、(施工缝)渗漏水、挂冰。

路面:有无落物、油污、滞水、结冰,有无拱起、坑槽、开裂、错台等。

检修道:有无结构破损、盖板缺损,有无栏杆变形、损坏。

排水设施:有无破损、堵塞、积水、结冰。

吊顶:有无变形、破损、漏水。

内装:有无脏污、变形、破损。

④记录

检查时,监理工程师记录当天发现的问题,填写“桥梁经常检查记录表”(附表四-1)、“涵洞、通道经常检查记录表”(附表四-2)和“隧道日常检查记录表”(附表四-3)。

监理工程师将次日需要维修的病害统计后(附必要的照片),于次日 9:00 前以电子邮件形式发给业主桥梁养护工程师。

业主桥梁养护工程师根据巡查结果,下发“维修保养通知单”。

巡查结束后,监理工程师及时将上述相关记录表整理后,上报业主内业资料责任人存档。

2)定期巡查

定期巡查是对路基、路面、桥涵隧、交通安全设施、绿化等技术状况进行的深入细致的静态检查,同时也是对技术状况和使用品质的全面评定,是进行考核与制订维修保养计划、制订养护专项工程计划及下发“维修保养通知单”的基础和依据。

(1)方式

①路基、路面、交通安全设施、绿化

由业主委托具有行业相应试验检测资质的机构进行检测,业主路段负责人每月参加

1 次。

②桥涵隧

由业主委托具有行业相应试验检测资质的机构进行检测，业主桥梁工程师每月参加 1 次。

均采用步行巡查方式。

(2)频率

①路基、路面、交通安全设施、绿化

宜每年巡查 2 次。

②桥涵隧

宜每年巡查 1 次。

(3)内容

①路基

路肩边沟不洁、路肩损坏、边坡坍塌、水毁冲沟、路基构造物损坏、路缘石(拦水带)缺损、路基沉降、排水系统淤塞。

②路面

龟裂、块状裂缝、纵向裂缝、横向裂缝、坑槽、松散、沉陷、波浪壅包、泛油、修补。

③交通安全设施、绿化

防护设施缺损、隔离栅损坏、标志缺损、标线缺损、绿化管养不善。

④桥梁

a. 桥面系构造

桥面铺装层纵、横坡是否顺适，有无严重的裂缝(龟裂、纵横裂缝)、坑槽、波浪、桥头跳车、防水层漏水。

伸缩缝是否有异常变形、破损、脱落、漏水，是否造成明显的跳车。

栏杆、护栏有无撞坏、断裂、错位、缺件、剥落、锈蚀等。

桥面排水是否顺畅，泄水管是否完好、畅通，桥头排水沟功能是否完好，锥坡有无冲蚀、塌陷。

桥上的路用通信、供电线路及设备是否完好。

b. 钢筋混凝土和预应力混凝土梁桥

梁端头、底面是否损坏，箱形梁内是否有积水，通风是否良好。

混凝土有无裂缝、渗水、表面风化、剥落、漏筋和钢筋锈蚀，有无碱集料反应引起的整体龟裂现象，混凝土表面有无严重碳化。

预应力钢束锚固区段混凝土有无开裂，沿预应力筋的混凝土表面有无纵向裂缝。

梁(板)式结构的跨中、支点及变截面处，悬臂端牛腿或中间铰部位，刚构的固结处和桁架节点部位，混凝土是否开裂、渗水。

装配式梁桥桥面板与梁的结合部位及预制桥面板之间的接头处混凝土有无开裂、渗水,横向连接构件是否开裂,连接钢板的焊缝有无锈蚀、断裂,边梁有无横移或向外倾斜。

c. 支座

支座组件是否完好、清洁,有无断裂、错位、脱空。

活动支座是否灵活,实际位移量是否正常,固定支座的锚销是否完好。

支承垫石是否有裂缝。

橡胶支座是否老化、开裂,有无过大的剪切变形或压缩变形,各夹层钢板之间的橡胶层外凸是否均匀。

四氟滑板支座是否脏污、老化,四氟乙烯板是否完好,橡胶块是否滑出钢板。

盆式橡胶支座的固定螺栓是否剪断,螺母是否松动,钢盆外露部分是否锈蚀,防尘罩是否完好。

组合钢支座是否干涩、锈蚀,固定支座的锚栓是否紧固,销板或销钉是否完好。

摆柱支座各组件相对位置是否准确,受力是否均匀。

辊轴支座的辊轴是否出现不允许的爬动、歪斜。

摇轴支座是否倾斜。

钢筋混凝土摆柱支座的柱体有无混凝土脱皮、开裂、漏筋,钢筋及钢板有无锈蚀。

d. 墩台基础

墩台及基础有无滑动、倾斜、下沉或冻胀。

台背填土有无沉降或挤压隆起。

混凝土墩台及帽梁有无冻胀、风化、开裂、剥落、漏筋等。

墩台顶面是否清洁,伸缩缝处是否漏水。

基础下是否发生不许可的冲刷或淘空现象,扩大基础的地基有无侵蚀,桩基顶段在水位涨落、干湿交替变化处有无冲刷磨损、颈缩、漏筋,有无环状冻裂,是否受到污水或生物的腐蚀。

e. 调治构造物

调治构造物是否完好,功能是否适用,桥位段河床是否有明显的冲淤或漂浮物堵塞现象。

⑤涵洞、通道

涵洞的过水能力,包括涵洞的位置是否适当,孔径是否足够,涵底纵坡是否合适,若过水能力明显不足,经常造成内涝及路基冲毁的,应考虑改造。

进水口铺砌、翼墙、护坡、挡水墙、沉沙井等是否完整,洞口连接是否平整顺适。

出水口铺砌、挡水墙、翼墙、护坡等是否完整,排水是否顺畅。

涵体侧墙是否渗水、开裂、变形或倾斜,墙身砌体砂浆是否脱落,石块是否松动,基础是否冲刷淘空。

涵身顶部盖板或拱顶是否开裂、漏水、变形下挠,拱顶砌块是否松动脱落。

涵底是否淤塞阻水,涵底铺砌是否完整。

洞口附近填土是否有渗水、冲刷、空洞,填土是否稳定。

涵洞顶路面是否开裂、下沉，行车是否安全。

通道结构有无损伤、变形或沉降，有无渗水、漏水。

通道内有无积水，机械排水的泵站是否完好，排水系统是否畅通。

通道下的道面是否完好，有无非法占用情况等。

⑥隧道

洞口：山体有无滑坡，岩石有无崩塌的征兆，边坡、碎落台、护坡道等有无缺口、冲沟、潜流涌水、沉陷、塌落等。

护坡、挡土墙有无裂缝、倾斜、鼓肚、滑动、下沉或表面风化、泄水孔堵塞、墙后积水、周围地基错台、空隙等。

洞门：墙身有无开裂、裂缝，衬砌有无起层、剥落，结构有无倾斜、沉陷、断裂，混凝土钢筋有无外露。

衬砌：有无裂缝、剥落，表层有无起层、剥落，施工缝有无开裂、错位，洞顶有无渗漏水、挂冰。

路面：有无塌（散）落物、油污、滞水、结冰或堆冰等，有无拱起、沉陷、错台、开裂、溜滑。

检修道：道路有无损坏，盖板有无缺损，栏杆有无变形、锈蚀、破损等。

排水设施：结构有无破损，中央窨井盖、边沟盖板等是否完好，沟管有无开裂漏水，排水沟（管）、积水井等有无淤积堵塞、沉沙、滞水、结冰等。

吊顶：顶板有无变形、破损，吊杆是否完好，有无漏水（挂冰）。

内装：表面有无脏污、缺损，装饰板有无变形、破损。

（4）记录

①路基、路面、交通安全设施、绿化

a. 按《公路技术状况评定标准》（JTG H20—2007）的要求，填写“沥青路面损坏调查表（A-1）”、“路基损坏调查表（A-4）”、“沿线设施损坏调查表（A-6）”。

b. 按《公路技术状况评定标准》（JTG H20—2007）的要求，评定 SCI、PCI、TCI 值。

c. 巡查评定资料由业主委托的试验检测机构提供，结果录入“河南省高速公路路面管理信息系统”，作为对承包人进行半年考核、计量与制订季度、半年维修保养计划，制订养护专项工程计划，及下发“维修保养通知单”的依据。

②桥涵隧

a. 按《公路桥涵养护规范》（JTG H11—2004）、《公路隧道养护技术规范》（JTG H12—2003）的要求，填写“桥梁定期检查记录表”［《公路桥涵养护规范》（JTG H11—2004）附录 C］、“涵洞定期检查表”［《公路桥涵养护规范》（JTG H11—2004）附录 D］、“定期（特别）检查记录表”［《公路隧道养护技术规范》（JTG H12—2003）附录 A 表A. 0. 2］。

b. 按《公路技术状况评定标准》（JTG H20—2007）的要求，填写“桥隧构造物损坏调查表(A-5)",并评定 BCI 值。

c.巡查评定资料由业主委托的试验检测机构提供,结果录入"河南省高速公路桥梁管理信息系统",作为对承包人进行年度考核、计量与制订年度维修保养计划、养护专项工程计划及下发"维修保养通知单"的依据。

3)特殊巡查

特殊巡查指在恶劣天气、自然灾害、发生交通事故或其他异常事件发生后,对路基、路面、桥涵隧、交通安全设施、环保设施、绿化等进行的静动态相结合的检查,以便及时掌握受损情况,为采取对策措施提供决策依据。

(1)方式

步行为主、车行为辅。

业主路段负责人为主,监理工程师为辅,承包人配合。

(2)频率

降雨后:进行 1 次;当连续降雨超过 4h,应在降雨中进行 1 次。

大风后:进行 1 次。

大雾后:对解除封闭的路段进行 1 次。

降雪时:进行不间断巡查。

自然灾害、交通事故或其他异常事件发生后至结束:进行不间断巡查。

(3)内容

①降雨时

路基边坡、圬工防护水毁情况,排水设施淤塞、水毁情况,路面有无坑槽、唧泥、沉陷。

桥面损坏情况,桥梁防护水毁情况

涵洞有无堵塞,通道有无积水。

隧道排水设施有无淤塞。

②大风时

路面、中央分隔带有无散落物。

标志牌、隔离栅、防眩板(网)等交通安全设施有无变形、倾斜;植物损毁情况。

③ 大雾后

车辆事故或阻塞时,路面、中央分隔带有无散落物。

护栏有无变形、损坏。

④降雪时

路面、桥面有无积雪、结冰滑溜,护栏有无变形、损坏。

⑤其他

根据受损范围和部位进行检查。

(4)记录

巡查结束后,监理工程师协助业主路段负责人填写"维修保养(特殊情况)巡查记录表”（附表五），业主路段负责人视巡查情况下发“维修保养通知单”。

4）专项巡查

专项巡查指根据日常巡查、定期巡查结果，针对需要进一步查明某些出现数量较多或较严重破损、病害的详细情况而进行的专门、细致的静动态相结合的检查，为承包人针对性地制订月度、季度维修保养计划及业主制订养护专项工程计划、下发“维修保养通知单”提供依据。

（1）方式

步行与行车相结合。

业主为主，监理为辅，按照路段长度分组巡查。

每个小组成员不少于3名（但不限于：业主1人、监理工程师1人、承包人1人）。

（2）频率

①定期

路面裂缝巡查：每年11月底或第一次降温后，步行巡查。

绿化巡查：每年3月、10月进行。互通区步行巡查，中央分隔带和其他部位乘车巡查。

交通安全设施巡查：每年4月初进行，乘车巡查。

②随机

根据现场实际情况和养护需要，监理工程师向业主建议进行专项巡查。

（3）内容

①路基：大于$10m^3$水毁，大于$3m^3$圬工破损，防护、排水设施损毁情况，路缘石、拦水带破损情况等。

②路面：路面车辙、裂缝、坑槽和唧泥，服务区、收费站水泥混凝土路面及接缝损坏情况等。

③交通安全设施：标志牌、标线、护栏、隔离栅、防眩板（网）的缺失、破损、老化情况等。

④桥梁：桥面车辙、桥头跳车、铺装层破损、单板受力、伸缩缝损坏、支座损坏情况等。

⑤涵洞、通道：结构破损、位移、沉降、裂缝、漏水，圬工防护、排水设施损毁情况等。

⑥隧道：衬砌、洞口出现的破损、变形、位移、沉降、裂缝、漏水情况等。

⑦绿化：苗木、地被缺失、枯死情况等。

（4）记录

巡查结束后，监理工程师协助业主路段负责人填写“维修保养（专项检查）巡查记录表”（附表六），作为承包人针对性地制订月度、季度维修保养计划及业主制订养护专项工程计划、下发“维修保养通知单”的依据。

5）注意事项

（1）摄像巡查

①记录路段桩号、上下行。

②记录清楚所发现的问题。

③估算初步工程量,需要现场核实的,由业主单位值班人员向养护部门报告,由部门经理安排其他人员到现场进一步核实。核实现场情况后,反馈给养护部门经理。

④保存现场图像资料。

(2)定期、特殊和专项巡查

①记录路段桩号、上下行。

②记录清楚所发现的问题。

③徒步或乘车巡查人员应注意安全,下车必须着统一的交通安全反光背心,车辆必须开启应急灯具,车辆后方50m摆放安全区,不少于3个锥形标,专人指挥交通。

④随车必须带有巡查记录本、笔、数码相机或录像机、皮尺等。

二、维修保养通知单

指由业主直接下发的“维修保养通知单”(附表七)。由业主通过“河南省高速公路路面管理信息系统”、“河南省高速公路桥梁管理信息系统”下发,监理工程师监督承包人在要求的时间内(参见时限要求)完成。

1. 流程(图1-1)

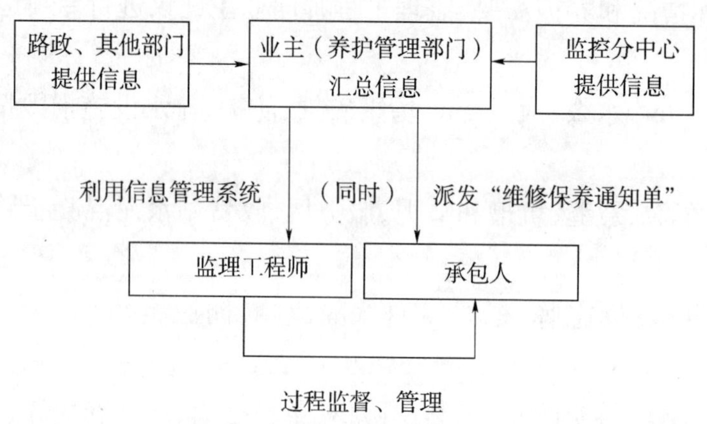

图1-1 工作流程

2. 主体

由业主(养护管理部门)值班人员下发“维修保养通知单”。

特殊情况下,经养护部门负责人同意,可由监理工程师下发“维修保养通知单”。

3. 传递形式

通过信息管理系统传递。

养护管理部门人员每月对通过信息管理系统下发的“维修保养通知单”核实后集中签认。

4. 下发对象

下发对象为承包人、总监理办和驻地办。

承包人和监理工程师收到“维修保养通知单”后，应确认，确认的形式可以是手机短信或电话。

5. 下发时间

(1)每天巡查后，在当日 17 :00 或次日 9:30 前下发“维修保养通知单”。

(2)对于巡查发现的影响行车安全的设施损坏，如护栏板、路面坑槽、路面散落障碍物、边坡水毁等，可即时下发“维修保养通知单”。

(3)其他部门反馈的信息，应在 1 小时内安排专人利用摄像设备或到现场进行核实，并在核实后下发“维修保养通知单”。

(3)紧急情况下，可电话通知承包人和监理工程师，“维修保养通知单”随后补发。

6. 其他

(1)对于通知单中要求的时效，承包人必须严格执行。

(2)承包人实施前应通知监理工程师拟实施的时间和地点，具体要求见“养护施工日报制度”。

(3)承包人如需实施“维修保养通知单”以外的维修作业(保洁和绿化的浇水、修剪、施肥和除虫除外)时，应事先报告业主，并征得同意。“维修保养通知单”随后补发。

(4)对于附属设施发生损坏、丢失情况时，按照《关于快速修复高速公路附属设施的通知》(豫高股路[2008]272 号)要求，多方同时进行工程量确认，填写“维修保养有关路产损失现场确认单”(附表八)。

(5)待维修或更换完成后，填写“维修保养已修复路产损失现场确认单”(附表九)。

(6)在规定的时间内(6 小时以内)，由路政人员下发路产维修通知单至养护部门，养护部门按照流程下发“维修保养通知单”。

(7)通知单下发责任人：业主路段负责人、桥梁养护工程师、“河南省高速公路路面管理信息系统”和“河南省高速公路桥梁管理信息系统”维护员。

监理工程师接收责任人：总监代表或指定负责人。

承包人接收责任人：承包人项目经理或指定负责人。

(8)“维修保养通知单”中涉及的内容维修完成后，承包人应在当日 20 时之前以手机短信或电话形式报监理工程师。

7. 每月工作重点

1 月份：除雪融冰。

2 月份：除雪融冰、边沟清理。

3 月份：路基维修，路面灌缝，绿化浇水、施肥、补栽。

4 月份：路基维修，路面灌缝，涵洞、通道清理疏通，绿化浇水、施肥、补栽。

5 月份：边沟清理、热补坑槽、隧道排水设施清理疏通、交通安全设施清洗与维修、绿化修剪、虫害防治。

6月份:排水设施维修、疏通,防汛准备,虫害防治。

7月份:水毁抢修,桥梁涂装修复,涵洞、通道清淤。

8月份:水毁抢修、边沟清理。

9月份:路基维修、热补坑槽、绿化施肥、桥梁伸缩缝及泄水孔维修、虫害防治、绿化补栽。

10月份:路基维修,路面灌缝,涵洞、通道清理疏通,绿化浇水、修剪、施肥、虫害防治、补栽。

11月份:路面灌缝、边沟清理、隧道排水设施清理疏通、交通安全设施清洗与维修、绿化浇水、除雪融冰准备。

12月份:除雪融冰。

第三节　作业实施

一、概述

1. 实施依据

(1)业主派发的"维修保养通知单"。

(2)批准的月维修保养施工计划。

2. 月维修保养施工计划

(1)承包人应根据招标文件和施工合同的要求,于当月25日前报下月"维修保养施工计划"。

(2)监理工程师审核、审批。

(3)报业主备案。

3. 维修保养作业实施流程

(1)承包人根据当月养护施工计划或"维修保养通知单"的质量和时效要求组织施工。

(2)监理工程师进行施工作业过程监督、中间交工验收。

(3)业主与监理工程师对承包人的维修保养作业情况进行日常考核。

4. 作业内容

(1)保养

保养是采用清理、清扫、擦洗等方式,使路基、路面、桥涵隧、交通安全设施、环保设施、绿化处于洁净状态,减少或延缓病害的发生,主要对以下内容进行保洁和修整。

路基:路肩、边坡、护坡道、边沟。

路面(含桥隧路面):行车、超车、紧急停车道。

桥梁:伸缩缝、泄水孔。

涵洞、通道：涵洞、通道底，防雨棚。

隧道：检修道、内装、排水设施。

交通安全设施：护栏、防眩板（网）、标志、防落网、隔离栅（刺丝）。

环保设施：声屏障。

匝道园区：保洁。

绿化（修剪、施肥、浇水、病虫防治）：中央分隔带、路肩、边坡、隧道出口两端、匝道园区、服务区、管理区等。

（2）维修

采取修补或更换的方式，使设施恢复至原有状态，保证道路的使用功能。主要对以下内容进行修补或更换。

路基：路肩、边坡、边沟、护坡道、截水沟、排水沟、护坡、挡土墙、泄水槽、路缘石、拦水带。

路面：行车、超车、紧急停车道。

桥梁：桥面、伸缩缝、泄水孔、护坡。

涵洞、通道：墙身、翼墙、防护、防雨棚。

隧道：内装、衬砌、排水设施。

安全设施：标志、护栏、防眩板（网）、防落网、隔离栅（刺丝）、标线等。

环保设施：声屏障。

绿化（苗木补植）：中央分隔带、边坡、匝道园区、服务区、管理区等。

5. 目标考核

参见“高速公路维修保养工作考核办法”。

二、保养

承包人按照月维修保养施工计划、“维修保养通知单”进行保养施工。

监理工程师对保养过程进行巡视、巡查。

业主对施工过程进行随机抽查。

监理工程师、业主通过各类巡查，对承包人的保养质量、时效、安全生产等方面进行考核，计算出考核得分，作为每期计量的综合评分依据。

1. 路基保养

（1）路肩、边坡、护坡道保洁

路肩、边坡、护坡道保洁主要是指清除路肩、边坡、护坡道表面的杂物，以保持路肩及边坡的洁净。

①工作方法

护路员清扫、捡除。

②工具和设备

装垃圾的编织袋1个/人、铁钩1把/人。

③工作频率

每周五进行1次。

④质量标准

路肩、边坡、护坡道清洁,无明显杂草、杂物、散落物、垃圾等。

⑤检查

承包人:每周检查1次。

监理工程师:每周随机抽查1次;做好监理记录,作为日常考核评分依据。

业主:每旬随机抽查1次;抽查时做好记录,作为日常考核评分依据。

(2)边沟保洁

边沟保洁主要是清除边沟内的杂物、杂草、白色垃圾、淤积物等工作,以保持边沟排水畅通。

①工作方法

护路员:捡除杂物、白色垃圾,拔除杂草。

承包人:组织车辆、人员,集中清除淤积物。

②工具和设备

护路员:铁钩1把/人、编织袋1个/人。

承包人:客货车、铁锹、扫把、装垃圾筒等。

③工作频率

护路员:每周五对护坡道及边沟内的白色垃圾等杂物进行捡除,遇雨雪天气等特殊情况顺延。

承包人:每季度的第二个月进行集中清理淤积物。

雨季根据需要随时进行清理。

④质量标准

边沟无明显杂物、散落物、蒿草、垃圾等,排水畅通、无淤积。

⑤检查

承包人:每周1次检查。

监理工程师:每月抽查1次,做好监理记录,作为日常考核评分依据。

业主:每月抽查1次,做好记录,作为日常考核评分依据。

业主、监理、承包人三方:每季度共同检查1次边沟清理情况。

⑥特殊情况

指应急情况下,如交通事故形成局部散落物聚集后,局部阻塞边沟,暴雨天气造成排水不畅,淹没农田时,承包人在接到通知后2h内必须进行处理。

监理工程师监督协调,业主路段负责人现场指挥督导。

2. 路面保养

路面保养主要是指清除路面(含桥隧路面)的杂物、油污,排除表面局部积水等工作,保持路面的洁净和美观。

(1)工作方法

护路员配合清扫车进行。

护路员:负责清扫、捡除路面、桥面的杂物、垃圾。

清扫车:负责清扫左侧路缘带和超车道。

(2)工具和设备

人工清扫:扫把1个/人,装垃圾的编织袋1个/人。

机械清扫:清扫车1辆/施工合同段,工作时速15~25km/h。

(3)工作频率

人工清扫:每天清扫双幅紧急停车道1次。

机械清扫:每周清扫左侧路缘带和超车道不少于1次。

(4)质量要求

路面(含桥隧路面)干净、整洁。

路面(含桥隧路面)上较大散落物2h内清除完毕。

细碎杂物、散落物、白色垃圾、果皮、饮料瓶等较小散落物每10km不超过4处。

(5)检查

承包人:每天检查护路员出勤情况和路面(含桥隧路面)保洁效果。

监理工程师:每周检查2次路面(含桥隧路面)保洁效果,做好监理记录,作为日常考核评分依据。

业主:每周随机抽查2次路面(含桥隧路面)保洁效果,抽查时做好记录,作为日常考核评分依据。

(6)特殊情况

如交通事故、大风天气造成部分车道堆积散落物或雨雪天气造成路面局部积水、积雪、积冰,影响车辆正常通行时,承包人接到通知后,组织人员、设备1h内进行处理。

业主路段负责人和监理工程师在现场协调与监督。

3. 桥梁保养

桥梁保养主要包括伸缩缝、泄水孔保洁。

伸缩缝保洁:清除伸缩缝内的杂物、垃圾等,以保持伸缩缝的洁净和正常使用功能。

泄水孔保洁:清除桥梁泄水孔内的杂物、垃圾等,以保障泄水孔排水畅通。

(1)工作方法

承包人组织工人进行清扫、清除和疏通。

(2)工具和设备

客货车、保通设施、空压机、小扫把、带钩钢钎、尖头钢钎、编织袋等。

(3)工作频率

每月1次,每月22~25日集中进行。

雨季等特殊情况下,根据需要随时进行清理和疏通。

(4)质量标准

桥梁伸缩缝、泄水孔内无杂物。

(5)检查

承包人:每月自查1次。

监理工程师:每月抽查1次,做好监理记录,作为日常考核评分依据。

业主:每月抽查1次,做好记录,作为日常考核评分依据。

4. 涵洞、通道保养

涵洞、通道保养主要是清除涵洞、通道内杂物、淤泥、积水和防雨棚清洁等工作,以保持涵洞、通道的正常使用功能。

(1)工作方法

承包人组织工人集中进行清扫、清除、清洁。

(2)工具和设备

客货车、发电机、水泵、铁锨、扫把和编织袋、水车(清洗防雨棚)等。

(3)工作频率

每年4月、10月重点对涵洞、通道集中进行清扫、清理和疏通,并对防雨棚进行冲洗。

雨后24h内清理完通道内的积水、淤泥。

对淤积严重的涵洞、通道随时进行清理。

(4)质量标准

通道内无杂物、淤塞和积水。

涵洞内无明显的淤塞。

防雨棚顶无明显积尘。

(5)检查

承包人:每月自检1次。

监理工程师:每月抽查1次,做好监理记录,作为日常考核评分依据。

业主:每月抽查1次,做好记录,作为日常考核评分依据。

(6)特殊情况

指突发事件造成涵洞、通道积水、淤塞时,承包人在接到业主通知后,必须在2h内进行处理。

监理工程师必须现场监督,业主应现场协调、督导。

5. 隧道保养

隧道保养主要是指清除检修道杂物、内装污物和两侧排水设施内杂物、淤泥等工作,以保持隧道整洁和排水设施的正常使用功能。

(1)工作方法

护路员:对检修道进行清洁。

承包人:对内装进行清洁,对排水设施进行清淤。

(2)工具和设备

检修道:拖把、编织袋。

内装:抹布、鸡毛掸、竹竿。

排水沟:客货车、铁锹、扫把等。

(3)工作频率

护路员:每日用拖把对检修道进行清洁。

承包人:每年5月、11月集中对内装进行清洁,对排水设施进行清理和疏通。

(4)质量标准

检修道、内装无明显积尘、油污。

排水设施内无杂物、淤塞和积水。

(5)检查

承包人:检修道每周自检1次,内装、排水设施每季度自检1次。

监理工程师:检修道每周抽查1次,内装、排水设施每季度抽查1次,作为日常考核评分依据。

业主:检修道每旬抽查1次,内装、排水设施每季度抽查1次,做好记录,作为日常考核评分依据。

6. 交通安全设施、环保设施保养

(1)护栏、防眩板(网)保养

主要是清除波形梁护栏、护栏立柱、钢筋混凝土护栏及防眩板(网)上灰尘、油污等工作,以保持护栏、防眩板(网)的洁净。

①工作方法

人工、清洗车对护栏、防眩板(网)进行机械清洗。

②工具和设备

人工清洗:抹布。

机械清洗:护栏或护栏+防眩网清洗车1台。

③工作频率

a. 人工清洗

匝道园区护栏、立柱:每月不少于2次;每月5~10日、20~25日,重点对收费站、服务区出入口匝道及前后各500m等易脏路段的护栏、立柱进行集中擦洗。

主线护栏、立柱:每年不少于2次,原则上5月、11月集中清洁。

防眩板:每月20~25日集中擦洗1次。

b. 机械清洗

护栏、立柱:主线每月不少于3次;雨雪天气后,3日内清洗1遍。

防眩网:每月不少于2次;雨雪天气后,3日内清洗1遍。

④质量标准

护栏、立柱、防眩板(网)光洁,无积尘、油污。

⑤检查

承包人:每旬检查1次。

监理工程师:每旬抽查1次,做好监理记录,作为日常考核评分依据;实施机械清洗时,承包人必须通知监理工程师,监理工程师随机跟车监督。

业主:每月随机抽查1次,做好记录,作为日常考核评分依据。

⑥特殊情况

应急事件造成的护栏板、护栏立柱、防眩板(网)污染时,承包人接到通知后,必须在2h内进行处理。

监理工程师必须现场监督,业主利用远程监控监督。

(2)标志、防落网、隔离栅(刺丝)、声屏障保洁

主要是清除标志、防落网、隔离栅(刺丝)、声屏障表面灰尘、油污。

①工作方法

人工辅助机械清洗。

②工具和设备

抹布、绑有抹布的4m左右的竹竿、客货车、水车。

③工作频率

每年集中保洁不少于2次。

原则上,第2、4季度对沿线标志、防落网、隔离栅(刺丝)、声屏障集中进行保洁。

④质量标准

标志、防落网、隔离栅(刺丝)、声屏障表面无明显积尘、油污。

⑤检查

承包人:每季度自检1次。

监理工程师:每季度抽查1次,做好监理记录,作为日常考核评分依据。

业主:每季度抽查1次,做好记录,作为日常考核评分依据。

7. 匝道园区保养

指清理匝道园区内的白色垃圾、杂物。

①工作方法

人工捡除。

②工具

装垃圾的编织袋。

③工作频率

每周1次。

④质量标准

匝道园区无白色垃圾、杂物。

⑤检查

承包人:每周自检1次。

监理工程师:每周抽检1次,做好监理记录,作为日常考核评分依据。

业主:每周抽检1次,做好记录,作为日常考核评分依据。

8.绿化保养

主要工作内容:修剪;施肥;浇水;病虫害防治。

(1)修剪

修剪是指在苗木、地被生长过程中,对其进行必要的修剪和整形,及对杂草进行定期拔除等工作。

修剪范围包括:中央分隔带、路肩、边坡、边沟外缘、隧道进出口两端、匝道园区、服务区、管理区及合同约定的其他绿化区域。

①工作方法

人工配合机械修剪。

②修剪工具和设备

乔木:修剪剪刀、便携式机械修剪机、小型工具车。

灌木:镰刀、修剪剪刀、保险绳、小型工具车。

地被:镰刀、割草机、保险绳、小型工具车。

③工作频率

每年的5月中旬、10月中旬各实施一次集中修剪。

对绿化造型、景点及特殊花木根据需要随时进行修剪。

根据地被长势随时进行修剪,确保其高度不超过20cm。

④质量标准

花草种植区内无杂草。

草坪高度不超过20cm。

中央分隔带及土路肩种植地被不超过路缘石外沿。

中央分隔带及土路肩苗木侧向不超过护栏板。

参照交通运输部现行的《公路养护技术规范》、《公路技术状况评定标准》的相关规定执行。

⑤检查验收

承包人:每月自检1次。

监理工程师:每月抽检1次,做好监理记录,作为日常考核评分依据。

业主:每月抽查1次,做好记录,作为日常考核评分依据。

(2)施肥

指对管养范围内各类植物进行定期施肥,确保植物生长良好。

施肥范围包括:中央分隔带、路肩、边坡、边沟外缘、隧道进出口两端、匝道园区、服务区、管理区及合同约定的其他绿化区域。

①工作方法

人工施肥和机械施肥两种。

人工施肥:以有机肥和氮磷钾复合肥为主。

机械施肥:将相关肥料溶解在水中,通过洒水车对绿化植物进行施肥处理。

②工作频率

原则上,3～4月、9～10月各集中施肥一次。

③质量标准

按照科学的比例进行施肥作业,确保无遗漏,不重复。

参照交通运输部现行的《公路养护技术规范》、《公路技术状况评定标准》的相关规定执行。

④检查验收

承包人:安排专人在作业期间每天对撒布情况进行自检,对局部漏撒地段实施补撒,并且注意避免重复撒布。

监理工程师:在作业期间每天现场监督管理。每月随机抽检1次,做好监理记录,作为日常考核评分依据。

业主:随机抽查施肥专业过程,每月随机抽检1次,做好记录,作为日常考核评分依据。

(3)浇水

指根据沿线植物长势,进行必要的浇水工作。

浇水范围包括:中央分隔带、路肩、边坡、边沟外缘、隧道进出口两端、匝道园区、服务区、管理区及合同约定的其他绿化区域。

①工作方法

分为喷灌或洒水车浇水两种。

喷灌:适用于安装有喷灌设备的路段、园区。

洒水车浇水:适用于未安装有喷灌设备的路段、园区。

②工作频率

原则上,每年的3～4月、10～11月集中进行浇水作业,干旱高温季节需要增加1～2遍浇水作业。

根据绿化巡查结果和植物长势,应增加浇水遍数。

③质量标准

浇水完毕后,水渗透深度100mm以上。

参照交通运输部现行的《公路养护技术规范》、《公路技术状况评定标准》的相关规定执行。

④检查验收

承包人:作业期间,每天自检 1 次。

监理工程师:作业期间,每天抽检 1 次。

中央分隔带每公里抽查渗透深度不少于 2 个点,路肩、边沟外缘每公里抽查渗透深度不少于 2 个点,匝道园区内每处单独区域不少于 3 个点,其他绿化区域每处不少于 2 个点。

每月随机抽检 1 次,做好监理记录,作为日常考核评分依据。

业主:在作业期间,每天随机抽查 1 次;每月随机抽检 1 次,做好记录,作为日常考核评分依据。

⑤特殊情况

异常干旱高温天气影响植物长势时,承包人在接到业主通知后,2 天内必须开始实施浇水作业。

监理工程师采用巡查方式,按照浇水作业要求进行监督。

(4)病虫害防治

对沿线各类绿化植物进行必要的喷洒农药等病虫害防治工作,以避免病虫害的发生。

①工作方法

分为局部人工喷洒和全面机械喷洒两种。

②工作频率

原则上,5 ~6 月、9 ~10 月各集中打药一次。

③质量标准

针对病虫害防治选择农药。

严格控制农药勾兑比例。

喷药均匀,无遗漏和重复喷药现象。

参照交通运输部现行的《公路养护技术规范》、《公路技术状况评定标准》的相关规定执行。

④检查验收

承包人:必须在作业期间每天对喷洒药情况进行自检。

监理工程师:作业期间每天必须随车检查,每月随机抽检 1 次,做好监理记录,作为日常考核评分依据。

业主:在作业期间每天必须保证抽查 1 次,每月随机抽检 1 次,做好记录,作为日常考核评分依据。

⑤特殊情况

指不可抗力影响,出现绿化虫灾时,承包人在接到业主作业通知后24h内,必须开始实施绿化病虫害防治作业。

监理工程师全过程随车监督检查。

业主每天进行抽查和监督。

三、维修

承包人按照“维修保养通知单”中要求的时限和方法进行维修施工。

监理工程师对施工过程进行巡视或全过程旁站监理,完工后及时进行中间交工验收。

业主对施工过程进行随机抽查。

监理工程师、业主通过各类巡查,对承包人的维修质量、时效、安全生产、环境保护等方面进行考核,计算出考核得分,作为每期计量的日常考核评分依据。

1. 路基维修

路基维修指对路基土方出现小于$10m^3$水毁或圬工小于$3m^3$缺损的修复。

(1)路肩、边坡、排水设施、圬工防护维修

对路肩、边坡、边沟、截水沟、排水沟、泄水槽、护坡、挡土墙等部位局部损坏进行修复。

①处治方法

宜采取破损部位同种材料进行修复。

当水毁土方量较小、夯实较困难时,可填筑水泥土、石灰土或砂砾石。

②工作频率

每年的3~4月、9~10月进行集中整修。

暴雨、重大事故等特殊原因造成的损坏,按照“维修保养通知单”规定的方法和时效进行维修。

③修复时限

按“维修保养通知单”要求或不超过72h。

④工作流程

业主下发“维修保养通知单”;

承包人申报施工方案;

监理工程师审查、批准;

承包人组织施工;

监理工程师对施工过程进行巡视或全过程旁站监督、中间交工验收;

监理工程师和业主巡查、考核;

特殊情况下,按照业主指定方案进行维修。

⑤注意事项

施工作业区的设置应规范，确保安全生产。

小型水毁处治，原则上采用路下施工，不得占用行车道。

施工时应避免交叉污染，严禁在路面上堆积施工材料。

严格控制施工工艺、施工质量和施工时效。

施工完毕后，进行现场清理。

⑥质量标准

参照交通运输部现行的《公路养护技术规范》、《公路技术状况评定标准》、《公路工程质量检验评定标准》的相关规定。

⑦检查与验收

承包人：自检工序、分层厚度、夯实遍数及材料配合比。

监理工程师：根据施工作业面的数量，采用全过程旁站或巡视方式，拍摄施工前、施工中和完成后照片，并核实工程数量；检查施工工序；及时进行中间交工验收。

业主：随机检查施工过程。

(2)路缘石、拦水带维修

对破损的路缘石、拦水带进行更换，对错位的路缘石、拦水带进行修整，对勾缝开裂、脱落的路缘石、拦水带进行接缝处理。

①处治方法

按损坏情况分为更换、修整、接缝处理三种方法。

更换：将损坏的路缘石、拦水带全部清除，重新预制安装。

修整：将错位的路缘石清理干净后，重新安装并使用M10水泥砂浆进行勾缝。

接缝处理：凿掉破损的勾缝砂浆，使用M10水泥砂浆进行勾缝。

②工作频率

随时修复。

③修复时限

按照“维修保养通知单”要求。

④工作流程

业主组织，监理工程师、承包人协助调查数量、分析原因；

三方共同商定处治方法；

承包人申报材料及配合比；

承包人进行施工；

业主、监理工程师进行检查、中间交工验收。

⑤注意事项

施工作业区的设置应规范，确保安全生产。

原则上采用路下施工，不得占用行车道。

原材料应符合相关技术要求。

拌和时必须严格按照设计配合比进行。

严格控制修复后的外观质量。

采取有效措施避免污染路面。

施工完毕后的现场清理。

⑥质量标准

参照交通运输部现行的《公路养护技术规范》、《公路技术状况评定标准》、《公路工程质量检验评定标准》的相关规定。

⑦检查验收

承包人:必须对路缘石和挡水带处治情况进行自检。

监理工程师:巡视施工过程,进行工艺检查;及时进行中间交工验收。

业主:随机抽查施工过程。

2. 路面维修

路面轻微病害的修复,主要指路面裂缝处治、坑槽修补等。

(1)裂缝处治

①裂缝类型

纵向裂缝。

横向裂缝。

②裂缝分级

轻度裂缝:缝细、裂缝壁无散落或有轻微散落,无支缝或有少量支缝,裂缝宽度在3mm以内。

重度裂缝:缝宽、裂缝壁有散落、支缝,裂缝宽度在3mm以上。针对不同成因、不同宽度裂缝,采用不同的处治方法。

③处治方法

a. 常温黏稠型密封材料灌缝。

采用硅酮、聚氨酯、聚硫胶等材料灌缝。

主要适用于缝宽≤2mm裂缝顶面的封闭。

b. 常温液态型密封材料灌缝

采用改性乳化沥青或以改性乳化沥青为基材的衍生品等材料灌缝。

主要适用于缝宽≤3mm裂缝的填隙。

c. 热熔型密封材料灌缝

采用改性沥青或以改性沥青为基材的衍生品(密封胶、橡胶沥青)等材料灌缝。

主要适用于缝宽>3mm裂缝的填隙。

d. 贴缝带贴缝

采用2mm厚的聚合物防水膜涂在0.3mm厚的抗皱、抗重载型聚丙烯上经严格工艺碾压复合在一起的防水性卷材贴缝。

主要适用于缝宽≤5mm 的单条或多条裂缝顶面的封闭。

④工作频率

根据道路情况，原则上每年3～4月、10～11月进行集中处治。

⑤修复时限

按“维修保养通知单”要求。

⑥工作流程

业主组织，监理工程师、承包人协助调查裂缝数量及类型；

三方共同商定处治方法；

承包人进行施工；

业主、监理工程师进行检查和中间交工验收。

⑦注意事项

灌缝材料应检验合格。

施工作业区的设置应规范，确保安全生产。

清缝应彻底。

缝内应干燥。

裂缝应灌填饱满。

避免灌缝材料污染路面。

施工完毕现场应清理干净。

⑧质量标准

参照交通运输部现行的《公路养护技术规范》、《公路技术状况评定标准》的相关规定。

⑨检查验收

承包人：必须对路面裂缝处治逐条进行自检。

监理工程师：根据施工作业面的数量，采用全过程旁站或巡视方式，典型裂缝应进行拍照、存档；检查施工工序；及时进行中间交工验收。

业主：对施工过程进行随机抽查。

(2)坑槽修补

对路面出现的坑槽应及时修补。

①处治方法

分为冷补和热补两种方式。

冷补坑槽：适用于路面坑槽抢修。

热补坑槽：适用于坑槽集中处理。

②工作频率

冷补坑槽：坑槽出现后，随时进行修补。

热补坑槽：每年的5月、9月对冷补坑槽集中进行热补。

③修复时限

冷补坑槽:按照“维修保养通知单”要求或24h内完成。

热补坑槽:按照“维修保养通知单”要求。

④工作流程

业主组织,监理工程师、承包人协助调查坑槽数量及特点;

三方共同商定处治方法;

承包人进行施工;

业主、监理工程师进行检查、中间交工验收。

⑤注意事项

坑槽修补应按照“圆坑圆补、斜坑斜补”的原则进行。

严禁“小坑大挖、浅坑深挖”。

修补坑槽材料应检验合格。

施工作业区的设置应规范,确保安全生产。

彻底清除松散范围。

根据坑槽深度分层填料压实(夯实)。

施工完毕现场应清理干净。

⑥质量标准

参照交通运输部现行的《公路养护技术规范》、《公路技术状况评定标准》、《公路工程质量检验评定标准》的相关规定。

⑦检查验收

承包人:必须对路面坑槽处治进行自检。

监理工程师:必须全过程旁站、巡视,典型坑槽应进行拍照、存档;检查施工工序;及时进行中间交工验收。

业主:对施工质量进行抽查。

3.桥涵隧维修

桥涵隧维修主要包括以下内容。

桥梁:桥面、伸缩缝、泄水孔、支座、护坡等局部损坏修复。

涵洞、通道:墙身、翼墙、防护、防雨棚等局部损坏修复。

隧道:内装、衬砌、排水设施等局部损坏修复。

①处治方法

桥面病害参照路面维修处治方式。

伸缩缝、护坡、墙身、翼墙、防护、衬砌、排水设施等局部损坏,采用同种材料修补方式。

泄水孔、支座、防雨棚、内装,采用同种材料更换方式。

②工作频率

随时修复。

③修复时限

按照“维修保养通知单”要求。

④注意事项

占用车道时,施工作业区的设置应规范,确保安全生产。

修补材料必须满足现行行业技术规范要求。

所更换构件必须是新品,并有出厂合格证。

⑤质量标准

参照交通运输部现行的《公路养护技术规范》、《公路技术状况评定标准》、《公路工程质量检验评定标准》的相关规定。

⑥检查验收

承包人:必须对桥涵隧维修情况进行自检。

监理工程师:进行旁站、巡视,核实现场具体工程量,拍照并做好记录;检查施工工艺;及时进行中间交工验收。

业主:随机抽查。

4.交通安全设施、环保设施维修

主要包括:

护栏修复与更换;

防眩板(网)修复与更换;

隔离栅(刺丝)修复与更换;

视线诱导设施修复与更换;

标志修复与更换;

标线补画;

声屏障局部修复与更换。

①处治方法

修复:对于轻微变形、倾斜,采用校正的方法。

更换:对于严重变形、破损,采用同种材料更换的方法。

②工作频率

随时修复。

③修复时限

按照“维修保养通知单”要求或波形护栏板不超过24h,其他不超过48h。

④注意事项

占用车道时,施工作业区的设置应规范,确保安全生产。

所更换构件必须是新品,并有出厂合格证。

护栏板、防眩板(网)、隔离栅等更换必须结合相邻板进行顺直度调校。

⑤质量标准

参照交通运输部现行的《公路养护技术规范》、《公路技术状况评定标准》、《公路交通安全设施施工技术规范》、《公路工程质量检验评定标准》的相关规定。

⑥检查验收

承包人:必须对交通安全设施维修情况进行自检。

监理工程师:进行旁站、巡视,核实现场具体工程量,拍照并做好记录;检查施工工艺;及时进行中间交工验收。

业主:随机抽查。

5. 绿化维修

绿化维修指由于行车事故、干旱、病虫害、人为破坏等原因造成苗木死亡需进行的补植。

①工作方法

在种植季节,对死亡苗木按照同数量、同品种、同规格原则进行补植。

②工作频率

宜在春秋季进行,特殊情况下按照“维修保养通知单”规定实施。

③质量标准

苗木种类、规格符合要求。

参照交通运输部现行的《公路养护技术规范》、《公路技术状况评定标准》、《公路工程质量检验评定标准》的相关规定。

④检查验收

承包人:对绿化补栽情况进行自检。

监理工程师:检查补栽成活率,拍照并记录补栽的苗木位置、规格和数量;及时进行中间交工验收。

业主:随机检查。

第四节　除　　雪

一、范围

除雪内容包括高速公路主线、匝道、加减速车道及收费站广场的除雪防滑工作。具体界限如下。

(1)主线(含进出口加减速车道):左侧(靠近中央分隔带一侧)至路缘石外边缘(包括中央分隔带开口处及中央分隔带隔离墩处),右侧至土路肩边缘。

(2)匝道:左侧至路缘石外边缘(隔离墩),右侧至土路肩边缘。

(3)收费广场及广场外至普通公路分界线。

(4)服务区进出口路面。

二、组织机构

相关养护参与单位逐级成立专门的领导指挥小组，由各单位主要负责人担任组长，明确权责，责任到人。

业主（养护管理部门）和监理工程师做好督促与检查工作。

三、施工作业要求

1. 工作方法

以机械除雪为主，人工除雪为辅。

2. 承包人必须配备的材料

融雪材料：一般为融雪剂或尿素，有环保要求的路段必须使用尿素或环保型融雪剂。

各分公司所辖高速公路宜按每100km（双向四车道）不少于200t储备。

防滑材料：袋装中粗砂、石屑及草垫等。

3. 承包人必须配备的设备

载重汽车加装除雪铲：用于清除浮雪。

平地机：用于清除已经压实的积雪。

融雪材料撒布车：用于撒布尿素和融雪剂，能够无级调节宽度和撒布量。

材料运输车：用于运送融雪材料和防滑材料。

保通车：用于除冰融雪作业面安全保通。

上述除雪设备，宜按每100km高速公路（双向四车道）不少于6套配备配备。

4. 一般要求

业主（养护管理部门）应“以雪为令，快速反应”，积极准备，以“机械为主，人工为辅，先通后净”的原则组织除雪、防滑。

（1）除雪

①注意当地气象信息，掌握本单位设备、物质情况，除雪完成后，及时上报上级部门。

②掌握除雪时机，以多清除浮雪，少清除压实雪为原则。

③加强对人工除雪的管理，按照规定的时限和顺序进行。

④匝道、加减速车道、收费广场与主线同等对待。

（2）防滑

①降雨、降雪后降温，可能引起结冰时，合理安排和布置人员、机械，对可能引起溜滑的桥面、急弯、陡坡、站场加减速车道等路段进行防滑处理，避免交通事故发生。防滑材料以砂、碎石、灰渣掺少许尿素为主。

②根据气温及路面情况正确判断撒布时机。

5. 除雪质量标准

（1）机械除雪

降雪过程中应尽量保证畅通。行车道、超车道范围内无明显可见积雪、结冰。在规定的时间内行车道、超车道90%以上露出黑色路面,路面的标线全部露出,其他没有露出黑色路面的部位应不连续。

(2)人工除雪

要求露出中央分隔带活动开口处地面、路缘石、拦水带、路面标线。路肩积雪不超过拦水带或路缘石,隆声带槽内无积雪。尽量不在中央分隔带堆积雪,以免春季冰雪融化时路面结冰。

(3)完成时效

除人力不可抗拒的特大雪以外,在降雪期间均应保证行车道或超车道中至少有一个车道露出连续黑色路面,以保证车辆通行。

完成时间自降雪停止时算起:

①小雪不间断通行,24h内路面、桥面无积雪。

②中雪保证1个车道不间断通行,48h内路面、桥面无积雪。

③大雪保证12h内开通1个车道,并保证不间断通行,72h内路面、桥面无积雪。

四、雪量级定义

1. 小雪

24h降雪厚度3cm以下,桥面开始出现结冰;或出现冻雨天气,影响范围不超过20km。

2. 中雪

24h降雪厚度3~10cm,特殊路段如桥梁、涵洞、弯道、陡坡、匝道处路面出现大面积结冰现象,路面局部出现结冰;或出现冻雨天气,影响范围超过20km。

3. 大雪

连续降暴雪,厚度10cm以上,特殊路段及大面积路面出现结冰现象。

第五节　施工安全、环境和职业健康管理

一、范围

包括安全作业计划、工前安全作业准备、作业区布置、中央开口处的管理、流动作业区的管理及紧急情况的处治。

二、维护要求

1. 安全作业计划

承包人要有安全作业实施方案,包括危险性较大的分部\分项工程专项安全管理方

案，如作业计划中没有安全作业措施，或者措施（方案）不恰当，则承包人不得开工，承包人必须得到高速公路路政部门、养护管理部门、高速公路交通警察大队批准后方可作业，否则视为非法作业。

安全措施主要包括以下三个方面的内容：

（1）安全组织（安全负责人和保通人员）；

（2）安全设施的配置；

（3）保障作业安全的具体措施。

承包人按照《公路养护安全作业规程》的具体要求，认真填写和申报相关安全审批材料（安全作业申报表等），报送监理工程师、属段高速公路路政部门、养护管理部门、高速公路交通警察部门逐级审批通过后，方可进行养护作业。

2. 安全作业准备

（1）人员

在施工前承包人应对施工人员进行三级安全教育，施工人员必须穿着符合标准的安全作业服装。

（2）作业车辆

①专用作业车辆应喷涂符合 GB 2893 的反光油漆或粘贴规定的反光膜，并保持表面清洁、醒目。

②单独流动作业时，需喷（挂）移动作业标志。

③作业车辆需配置作业指示灯（黄色闪光警示灯）于车辆的顶部，夜间或雨雪雾天施工时必须开启。

④作业车辆停放时，应当停放在作业区内或经施工方案明确的其他允许停放车辆的场所，并按规定设立临时标志。

⑤承包人的设备和运输车辆要做好保养，开工前要按照有关要求到路政部门、养护部门及交警部门办理施工作业许可证。

⑥占用路面或临近路面实施养护，必须事先按“公路养护安全作业规程”的要求准备好相应的安全设施。

3. 作业区布设

施工作业必须按照相关交通安全及安全生产的法律、法规设置作业区。

除流动作业外，进行日常养护必须在作业现场划出作业区，制订安全作业方案，设置相应的安全人员和标志，以确保作业期间的交通安全，在道路上进行不能划定作业区的流动作业时，可以在路段上设置可移动的作业标志。

现场设有负责人，作业人员不能随意走出封闭区，长、大设备设专人管理。

凡夜间不能撤离的封闭区，安全标志布置必须满足夜间安全设施布置的要求。看护人员应在作业区末端或路外休息、观察、巡视，避免因断面压缩车流，车辆驶入作业区造成伤害。

遇雨雪雾等视线不良天气时,应停止作业(除雪除外)。

4. 流动作业

高速公路养护车应喷涂成规定的橘红色,在车尾明显处喷(挂)移动作业标志,作业时还应在车尾挂有相应的引导标志。

5. 材料设备运输

养护维修需要进行的材料、设备运输,在高速公路以内封闭区以外,均应严格遵守交通法规和高速公路管理办法,不得随意停车、掉头、逆行或不按规定使用活动开口。

6. 紧急情况处治

(1)养护作业发生意外施工安全事故,要按以下内容就地采取应急措施:

①承包人尽现有手段抢救伤员;

②承包人保护现场,控制现场态势,防止事态扩大;

③(在路段上作业时)报告交警、路政、养护管理部门;

④业主(养护管理部门)报告主管领导(分公司副总);

⑤有重大伤亡时报告主管领导(分公司总经理或省公司副总)。

(2)养护作业场地或附近发生与作业有关或无关的交通事故时,现场人员都有责任就地采取应急措施:

①承包人尽现有手段抢救伤员,保护现场;

②控制现场态势,加设明显标志,防止新的事故发生;

③通知属段交警、路政、养护管理部门;

④有重大伤亡或维修人员有伤亡时,要报告主管领导(分公司副总)。

承包人应在施工前对紧急情况进行识别并制订应急预案。

三、检查与验收

承包人要树立"安全第一"的思想,现场安全员要对现场安全情况进行经常检查,及时纠正。

业主(养护管理部门)、监理工程师定期抽查,及时纠正安全隐患。

承包人服从和配合交警、路政、养护管理部门的不定期检查或抽查。

1. 检查内容

(1)工前教育情况;

(2)安全负责人在岗情况;

(3)作业服穿着情况;

(4)作业区封闭与安全设施情况;

(5)设备标志、停放情况;

(6)现场人员、材料、设备管理情况。

2. 安全责任及履约

(1)实施各类养护作业,必须遵守国家有关交通法律、法规和高速公路管理办法;

(2)承包人对安全生产负全责;

(3)交警、路政、养护管理部门负有管理责任;

(4)承包人要听取养护管理、路政、交警人员关于安全措施的整改意见并限时整改;

(5)承包人要制定安全作业责任制,明确责任和安全措施,施工负责人要直接抓安全,要做到责任明确、落实到人;

(6)业主(养护管理部门)和承包人要签订安全协议书,以便双方履行职责,配合做好现场安全管理;

(7)由于安全措施不到位而发生的交通安全事故,按照交通法规进行处理,业主(养护管理部门)还将对责任单位和责任人做相应的处罚;

(8)因施工责任造成的交通事故,按协议书规定需要对责任人和责任单位罚款时,业主(养护管理部门)将协助交警执行扣款。

第六节　交工验收与缺陷责任期管理

一、交工验收的工作内容

(1)检查施工合同的执行情况。

(2)评价养护施工质量。

(3)评价是否具备移交下一阶段施工的条件。

(4)对承包人、监理单位进行评价。

二、交工验收的范围

(1)土建、交通安全设施、环保设施:路基、路面、桥涵隧、交通安全设施、环保设施的维修保养质量。

(2)绿化:维修保养(补栽、修剪、施肥、浇水、病虫害防治)质量。

三、交工验收应具备的条件

(1)合同约定的各项内容已完成。

(2)施工单位自检评定合格。

(3)监理工程师中间交工验收评定合格。

(4)经检测、评价,各项指标满足合同规定的要求。

(5)交工文件已按施工合同规定的内容编制完成。

(6)承包人、监理单位已完成各自的工作总结。

四、交工文件组成

(1)承包人

①与监理、业主往来文件。

②会议纪要。

③开工报告。

④养护“维修保养通知单”。

⑤日报、旬报、月报。

⑥自检资料。

⑦中间交工验收资料。

⑧考核资料。

⑨计量资料。

⑩图片资料。

(2)监理

①与业主、承包人往来文件。

②会议纪要。

③监理指令、通知。

④中间交工验收资料。

⑤考核资料。

⑥计量资料。

⑦监理日记。

⑧图片资料。

五、交工验收的组织

(1)组织者

业主。

(2)参加者

监理工程师、承包人。

(3)分组

①土建、交通安全设施、环保设施维修保养工程:可分为路基与路面、桥涵隧、沿线设施3个组。

②绿化维修养护工程:可分为修剪、施肥、浇水、病虫害防治和补栽两个组。

(4)人员配置原则

每组人员:业主1人、监理2人、承包人3人。

(5)验收方式

①内业:查阅资料。

②外业:徒步实测检查。

a. 维修保养工程

徒步实测:

路基、路面:随机抽查,每 5km 不少于连续 200m(单幅)。每立交不少于 1 个匝道。

桥梁:随机抽查,每 5km 不少于 1 座(单幅)。

涵洞、通道:随机抽查,每 5km 不少于 2 道(单幅)。

安全设施:随机抽查,每 5km 不少于连续 200m(单幅)的护栏板、标线、轮廓标、凸起路标、防眩板(网)、隔离栅。每 5km 不少于连续 500m(单幅)标志牌。每立交不少于 1 个匝道的护栏板、标线、轮廓标、凸起路标、隔离栅、标志牌。

b. 绿化养护工程

修剪、病虫害防治:徒步目测。

施肥、浇水:查阅资料。

补栽:徒步目测与清点相结合。

苗木数量:中央分隔带、路肩、边沟外全部清点。

每个互通立交至少清点 2 个独立区域。

其他绿化区域全部清点。

六、验收时间要求

完工后 1 个月内。

七、验收依据

(1)招标文件及施工合同文本。

(2)检测机构的各项指标检查结果(最近 1 次)。

(3)交通运输部颁现行标准、规范、规程及省交通主管部门的相关规定。

八、验收程序

(1)承包人书面提出验收申请。

(2)业主收到申请之日起 7 日内,组织交工验收。

(3)业主宣读工作报告并听取承包人、监理的工作报告。

(4)检查承包人的交工资料及工作总结。

(5)检查监理的交工资料及工作报告。

(6)查阅检测机构检测报告。

(7)检查工程实体。

(8)对工程质量进行评定,确定工程质量等级:

$$工程项目质量评分值=\frac{\Sigma(合同段工程质量评分值\times该合同段投资额)}{\Sigma施工合同段投资额}$$

①维修保养工程

a.各合同段工程质量评分采用综合养护指数、国际平整度指数双控方法进行评价:

当各期综合养护指数平均值>92,且国际平整度指数满足合同要求时,为合格;反之,为不合格。

b.整个工程项目质量评分采用各合同段工程质量评分的加权平均值,即:工程质量等级评定分为合格和不合格,综合养护指数>92,且国际平整度指数满足合同要求时,为合格;反之,为不合格。

②绿化养护工程

各合同段工程质量评分采用绿化养护指数进行评价:

当各期绿化养护指数平均值≥90时,为合格工程;反之,为不合格工程。

整个工程项目质量评分采用各合同段工程质量评分的加权平均值,即:工程质量等级评定分为合格和不合格,绿化养护指数平均值≥90为合格;反之,为不合格。

$$工程项目质量评分值=\frac{\Sigma(合同段工程质量评分值\times该合同段投资额)}{\Sigma施工合同段投资额}$$

(9)对合同是否全面执行、工程质量是否合格做出结论,整理交工验收报告,签署交工验收证书。

(10)业主对承包人、监理的工作进行综合评价:

分为好、中、差三个等级。

①维修保养工程

综合养护指数>96,且国际平整度指数满足合同要求时,为好。

当96>综合养护指数值≥92时,为中。

综合养护指数<92,或国际平整度指数不满足合同要求时,为差。

②绿化养护工程

绿化养护指数≥95时,为好。

95>绿化养护指数≥90时,为中。

绿化养护指数<90时,为差。

九、交工验收中存在问题的处理

(1)对于工程质量评定为不合格的合同段,要求承包人限期整改,直至满足交工要求。此期间发生的一切施工费用由承包人自己承担。

(2)对于工程质量评价为合格且存在不影响交工的合同段,要求承包人在缺陷责任期内限期整改。

十、缺陷责任期期限

(1)维修保养工程

①日常保养:无。

②维修:宜为12个月。

(2)绿化养护工程

①修剪、施肥、浇水、病虫害防治:无。

②补栽:宜为12个月。

十一、缺陷责任期责任划分

(1)维修:当发生火灾、交通事故等特殊事件,导致原有维修项目发生损坏时,不属于原承包人的责任,可纳入新的维修保养施工合同的范围内。

除上述情况外,均属于原承包人缺陷责任期的保修范围。

(2)补栽:当发生火灾、交通事故等特殊事件,导致原补栽的花草、苗木发生死亡时,不属于原承包人的责任,可纳入新的绿化维修养护施工合同的范围内。

除上述情况外,均属于原承包人缺陷责任期的保修范围。

十二、缺陷责任期责任划分依据

(1)相关部门提供的火灾、交通事故等特殊事件证明材料。

(2)监理单位提供的记录、照片等证明资料。

十三、缺陷责任期管理程序

当发生缺陷质量问题时:

(1)业主将缺陷维修通知单以书面形式要求原承包人进行维修。缺陷维修通知单应包括缺陷位置、数量、照片、维修质量和期限要求等。

(2)原承包人须于24h内将修复意见及时以书面形式反馈。

(3)原承包人应按规定的质量和时间,完成缺陷修复。

(4)当发生下列情况时,业主将视为原承包人违约,同时通知其他承包人进行维修。维修费用从原承包人质保金中扣除。维修数量和单价以监理工程师的确认为准。情节严重时,业主将按照合同要求追加对原有承包人的处罚。

①原承包人24h内没有书面回复。

②原承包人放弃对缺陷的修复。

十四、缺陷责任期满后的工作程序与内容

(1)业主、监理工程师、承包人共同对缺陷责任期的内容进行检查,主要检查交工验

收时遗留问题是否已经处理。检查方式以目测为主,必要时进行实测。

(2)承包人负责剩余缺陷修复。

(3)监理工程师整理检查报告,三方签字认可。

(4)监理工程师签发缺陷责任期终止证书。

(5)监理工程师审核最终支付申请。

(6)业主审批并按合同规定进行最终支付。

第七节　房屋维护

一、总则

本手册所称房屋,是指公司运营高速公路所附属的收费站、服务区、路政队、超限站、养护工区、培训中心等经营服务办公场所的建筑设施及在其审批用地范围内建设的其他附属、配套、临时建筑和设施等。

二、房屋维护分类

按照交通运输部《公路养护技术规范》规定,高速公路附属的房建工程维护工作归入高速公路养护工程管理范畴;参照高速公路养护工程分类标准,房屋维护根据维护工作内容分为日常维护和专项工程两类。

日常维护是为保证房屋设施正常使用功能而安排的经常性保养和修补其轻微损坏部分的作业。

专项工程是指因房屋规划、老化等原因进行的房屋改扩建、加固、功能变更等费用在日常维护之上,需要单独立项的工程。

三、房屋维护的工作内容

1. 日常养护

日常维护的工作内容主要是房屋建筑墙面及收费雨棚的保养、清洗和局部的修补,房屋轻微漏水的处理和房屋设施设备的维护工作。房屋设施设备维护工作主要分四类:

(1)电气类:熔断丝、插座插头、空气开关、漏气开关、烟感器、电源插头座、排气扇、抽油烟机、空调、电动机、水泵及各种灯头、灯座、灯泡、灯管、线路的更换和故障修理以及相应大型设备的清洁。

(2)给排水:各种水龙头、感应器故障,上、下水道堵塞不畅或跑冒滴漏,各种配件失灵和损坏等。

(3)安全:消防设施维修、防雷系统等。

(4)其他:水表箱、电话箱、总闸、旋转门维修等,各项标志标牌、配件备品等。

2. 专项工程

专项工程维护的工作内容主要是指在原有房屋基础上进行的功能变更、结构改变、结构加固及为服务能力扩容、增加而进行的小范围增建和小规模改扩建、内外部装修，大面积粉饰、粉刷、油漆等工程。

四、房屋维护的管理职责

根据公司《固定资产管理实施细则（试行）》的规定，房屋维护工作按照“谁使用、谁维护、谁负责”的原则，实行归口部门分级管理制度。

1. 公司归口管理部门职责

（1）负责归口分管的房屋资产及其维护工作的整体管理。

（2）审核年度购建、改造、维护、使用预算，根据房屋使用年限、建筑面积、设施设备数量、经营服务状况、维修项目、范围、往年经费等，确定所属单位日常维护年度包干经费。

（3）根据公司财务管理规定，对专项工程项目资金统控，进行工程督导检查，参与专项工程验收，办理相关资产验收手续及维护工程款的支付工作。

2. 分公司归口管理部门职责

（1）负责其管辖范围内的房屋资产及其维护工作的管理。

（2）编制初审所属房屋设施维护预算。

（3）履行分公司范围内的审批和向公司归口部门的报审工作。

（4）负责统计维护工程量，上报维护计划。

（5）填写有关内业报表，签报有关统控费用。

（6）负责对年度日常包干经费进行合理化分配。

（7）参与或受公司委托进行招标或竞争性谈判，签订合同协议书。

（8）负责组织实施专项工程维护项目，对维护工程下达任务通知及进行工程管理、监理管理（如果有）、质量监督、验收、计量工作，负责主持专项工程验收及竣工资料的初步审核。

3. 基层使用单位职责

（1）负责向分公司归口部门申报维修项目计划和有关内业资料。

（2）对各种房屋配套设备进行日常巡检和记录。

（3）根据年度日常维护包干经费，购买日常设施设备备品备件。

（4）负责日常维护的实施或委托相关单位实施，参与专项工程的现场管理、协调。

（5）负责日常维护及专项工程验收工作。

五、日常维护的实施

各收费站、服务区、路政队、超限站、培训中心、养护工区等房屋基层使用单位负责人为房屋维护第一责任人,应亲自或安排专人进行每日巡查,发现问题填写巡查记录并及时报告负责人安排人员单位进行检修。

无法自行维修或专业难度较大时,由站、队、区负责人向分公司归口部门申报,由分公司归口部门安排专业维护单位进行修理。费用较高的,由分公司签报,公司视实际情况决定能否进行预算内调剂或列为预算外增加专项工程。

屋面清理及雨水管疏通,每年由维护单位在6月、11月各清理疏通一次;消防、给排水每年10月进行全面检修;收费大棚每年进行一次全面检测和可靠性评定,确定结构安全等级,确保正常、安全使用。

日常维护实施流程见图1-2。

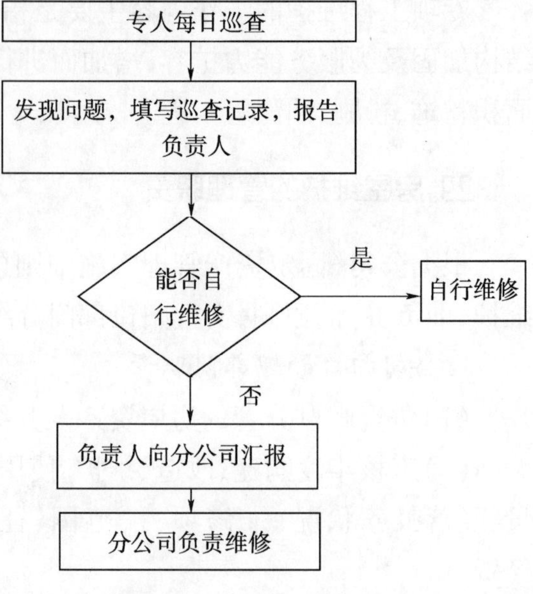

图1-2　日常维护实施流程

六、专项工程的实施

列入公司年度预算的计划内房屋维护专项工程中列有的项目,预算金额在30万以下的,由分公司组织实施,30万以上的项目由公司组织实施;预算外开支项目,由分公司填报“预算调整及预算外开支申请表”报公司归口部门,公司归口部门审核同意后,填报“预算调整及预算外开支申请表”,报财务资产部审核,经财务资产部审核后的项目调整,一般由公司主管领导、总经理及董事长批准后方可实施。

项目批准实施后,按照公司相应办法执行,需要进行工程监理的项目,还要按照有关规定委托或招标选择监理单位。

专项工程实施流程见图1-3。

七、费用管理

房屋维护的费用控制:

(1)房屋设施日常维护费用宜控制在房屋设施现时造价的1%左右;专项工程一次维护费用宜控制在该建筑物同类结构新建造价的20%以下。

(2)设施设备类日常维护费用的控制指标按照房屋的不同服务功能单独核算控制,服务区等人流量相对较大的区域其设施设备定额消耗指标宜高于其他区域的指标。

日常经费以包干形式核算,专项使用,超支不补;如果发生结余,结余部分只能在本类包干项目中自行调整使用。自行调整时,分公司应填报“预算调整及预算外开支申请表”,详细阐述调整原因,报公司归口部门和财务资产部备案。如发生预算外经费,须经公司归口部门和财务部审核并上报公司领导批准后方可实施。

专项工程经费按照预算管理、公司统控形式核算。对于招标的项目，按照合同签订价或清单结算价管理；未招标而举行竞争性谈判的项目按照双方合同约定的总造价或合同清单价管理；其他项目应严格按照公司《第三方核查工作制度》规定进行。即：对属于集中支付项目的在验收环节采取全面核查的方法；对不属于集中支付项目的，单项金额在10万元以上的，在项目立项环节实行全面核查方式，在验收环节采取抽样核查的方式；对单项金额10万元以下（含10万元）的项目在报批和验收环节均采取抽样核查的方法。

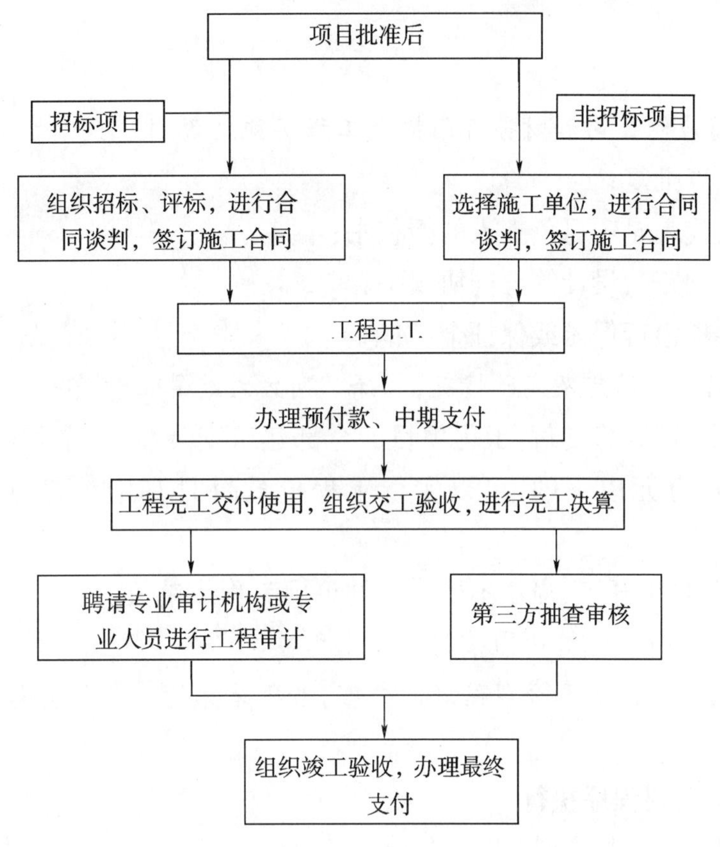

图1-3　专项工程实施流程

八、项目验收

1. 验收要求

（1）工程施工质量应符合相关专业验收规范的规定。

（2）工程施工应符合工程勘察、设计文件的要求。

（3）参加工程施工质量验收的各方人员应具备规定的资格。

（4）工程质量的验收均应在施工单位自行检查评定的基础上进行。

（5）隐蔽工程在隐蔽前应由施工单位通知有关单位进行验收，并应形成验收文件。

(6)涉及结构安全的试块、试件以及有关材料,应按规定进行见证取样检测。

(7)工程的观感质量应由验收人员通过现场检查,并应共同确认。

2. 项目验收流程

(1)视项目工程情况,由维护施工单位书面或口头提请相关归口管理部门验收。

(2)对检验中发现的工程问题,按合同及规范有关规定进行处理。

(3)公司、分公司、监理单位(如果有)和维护施工方共同清点房屋、装饰、设备和附着物,核实工程竣工状况。

(4)经检验符合要求的项目,使用单位归口管理部门签署验收合格凭证。

九、项目结算

1. 项目结算前应向公司和财务部门提交工程实施总说明

(1)工程概预算批复;

(2)公司法人代表对项目负责人的授权书;

(3)工程施工、监理、设计等合同协议书;

(4)承包方各项银行保函或保证金(如有)。

2. 项目可依据合同约定及实际情况,选择下列方式结算工程价款

(1)竣工后一次性结算支付:工程项目的全部建筑安装在12个月以内,或者工程承包合同价值在100万元以下的,可以实行工程价款每月月中计量预支,竣工后一次结算。

(2)分段结算:当年开工、当年不能竣工的单项工程或单位工程,按照工程进度,划分不同阶段进行结算。分段结算可以按月预支工程款。

3. 实行竣工后一次结算和分段结算的工程,当年结算的工程款应与年度完成工作量一致

项目结算应按下列程序执行:

(1)承包人根据有关规定,提出付款申请。

(2)监理单位进行支付条件审核,符合条件后在承包人提交的付款申请书上签字确认,加盖监理单位印章。

(3)归口部门对付款支付条件进一步核查,符合支付条件的由管理单位负责人填制集中支付申请表,递交财务部门审核支付。

十、备品备件采购与管理

备品备件按季度进行购买,由各收费站、服务区、路政队、超限站负责人根据每年日常包干经费和物资的消耗率、损耗率制订采购计划,由办公室进行统一采购,采购的物资需由办公室主任按质按量进行验收入库并记录。

备品备件应按以下规定管理:

(1)备品备件应分类存放,分为五金、电器、水暖配件、化工、其他等类别,做到摆放整齐清洁。

(2)领用时,领货人要经当班负责人或办公室主任同意,由仓管员进行记录后,方可领取。

(3)仓库物资由仓管员每季度进行一次盘点,并将盘点结果上报主管负责人。

十一、其他

承包经营出去的资产维护管理,要依据承包经营合同约定进行管理,如加油站等由承包经营单位负责维护。维护时应事先由加油站经营单位向公司发出正式书面通知,并出示和提供加油站维护修缮等相关文件原件和复印件,符合条件者,经公司书面同意方可维修改造。

服务区停车场、路政队广场及超限站停车场地坪由公司道路养护部门负责进行维护,维护预算纳入归口管理部门。

十二、罚则

房屋管理使用单位或个人不得擅自侵占使用公共场所和公用设施设备,不得擅自增加或减少对公共场所和公用设施设备正常运行有影响的自用设施设备。如发生上述行为(如:违章装修,擅自改造电路、上下水管道等),造成损失的,当事人应负责修复或赔偿。

房屋设施维护相关奖惩标准按照公司《标准化管理手册》和《百分考核管理办法》执行。

第八节　机 电 维 护

一、总则

高速公路机电系统维护是针对已投入运行的收费、监控、通信、供配电、照明等子系统,进行日常维护、定期维护、故障处理,保证收费设施工作可靠、监控设施运行正常、通信设施信息畅通、供配电和照明设施状况良好。

二、收费系统维护

根据收费系统设备构成及故障率特点,收费分中心设备、收费车道系统、收费计算机网络、收费监视系统、计重收费设备等,应按表1-3~表1-8要求进行维护。

收费分中心设备日常维护内容及技术要求 表1-3a

序号	维护内容	技术要求	周期	备注
1	系统自检情况	报告记录应真实、完整	1次/日	
2	计算机及辅助设备外观完整性	机箱完整,基础、支撑稳固,无明显歪斜;接线标志完整清楚;清除设备外表的灰尘; 检查全线网络情况	1次/日	
3	显示屏幕及控制设备的清洁、保养	屏幕、键盘及设备外观应保持清洁,无灰尘污渍	1次/周	

收费分中心设备定期维护内容及技术要求 表1-3b

序号	维护内容	技术要求	周期	备注
1	图像稽查功能	可稽查所有出入口车道"有问题"车辆图像	1次/月	
2	联合接地电阻	≤1Ω	1次/季度	
3	与收费站的数据传输功能	定时或实时轮询各收费站的数据	1次/季度	
4	报表统计管理及打印	收费分中心计算机系统可打印规定的各种报表	1次/季度	
5	设备机箱	检查元器件和线路的颜色、形状、声音等内容,要求无异常颜色、异常形状变化,无异声、异味;机箱内部线路及元器件排列整洁、标志清楚;接插件连接牢固,无熔解、锈蚀等现象;各种指示灯应表示正确、亮度适当、易于辨别、互不窜光;排风、散热部件工作正常	1次/季度	其他系统设备机箱同此要求

收费车道设备日常维护内容及技术要求 表1-4a

序号	维护内容	技术要求	周期	备注
1	车道机	清洁工控机外部灰尘;清洁挡灰尘面板; 检查软件运行情况,正常控制车道各类设备	设备干净、工作正常;软件正常运行	1次/天
2	显示器	清洁显示器外部灰尘	设备干净、工作正常	1次/天
3	车辆检测器	清洁车辆检测器表面灰尘、油污;检查外部接线是否松动、虚接	设备工作正常	1次/天
4	收费键盘	清洁键盘表面灰尘;检查键盘按键情况;检查键盘按键和回弹是否灵敏	按键灵敏、正常	1次/天

续上表

序　号	维 护 内 容	技 术 要 求	周　期	备　注
5	电动栏杆	检查橡胶垫磨损状况和机械传动性能;检查齿轮和机械传动部位的润滑剂;检查电机是否有异常响声	设备工作正常;抬杆、降杆动作与命令一致	1次/周
6	费额显示器	检查显示的内容是否与命令一致;检查通行红绿灯切换是否与命令一致;检查是否有不良点;检查语音报价器报价是否正确	费额显示器运行正常;设备干净	1次/周
7	票据打印机	清除打印机外表灰尘;检查齿轮传动润滑剂;检查打印色带清晰度和打印头断针针况;检查打印端口是否可靠	票据打印工作正常;打印信息清楚	1次/周
8	IC卡读写器	清除设备外表灰尘;给设备进行常规检查,以确保设备正常运行;检查天线和通信线端口连接是否牢固;检查读写器和读写灵敏度	设备洁净、设备工作正常;在规定距离和角度正常读写	1次/周
9	广场配电箱	清除设备外表灰尘;给设备进行常规检查,以确保设备正常运行进行简单的易耗品更换	设备洁净、设备工作正常	1次/周
10	内部对讲	清除设备外表灰尘;给设备进行常规检查,以确保设备正常运行	设备洁净、设备工作正常	1次/周
11	自动发卡机	机头导轨滑块定期加油(20号机油),定期检查其上各螺钉、卡圈是否松动、脱落	设备工作正常	1次/周
12	紧急报警	清除设备外表灰尘;给设备进行常规检查,以确保设备正常运行	设备洁净、设备工作正常	1次/周
13	雨棚信号灯	检查像素管光亮度;切换雨棚信号灯红色和绿色	200m外清晰辨识;雨棚信号灯红色和绿色切换动作与命令一致	1次/周

收费车道设备定期维护内容及技术要求　　表1-4b

序号	维 护 内 容		技 术 要 求	周　期	备　注
1	费额显示器	检查是否有不良点;声音测试;防尘、防水、测试	显示与报价命令一致	1次/月	
2	票据打印机	检查齿轮传动润滑剂;检查打印色带清晰度和打印头断针针况;打印功能测试	票据打印工作正常;打印信息清楚	1次/月	
3	IC卡读写器	IC卡读写器对正常卡的读写功能测试。非接触IC卡读写器的有效卡片读写距离测试	在规定距离和角度正常读写	1次/月	

续上表

序号	维护内容		技术要求	周期	备注
4	车道机	外设控制功能;状态监测功能;独立工作功能;电源功能	设备干净、工作正常;软件正常运行	1次/季度	
5	车道控制器	清洁车道控制机内部灰尘;检查各外设接线是否牢固;检查控制车道各类设备的状态	设备干净、工作正常;正确控制外设;正确检测设备状态	1次/季度	
6	电动栏杆	正常起落功能;防砸车功能;状态输出功能;自我保护功能;栏杆臂长度;起落时间	抬杆、降杆动作与命令一致	1次/季度	
7	内部对讲	通话功能测试;状态指示功能测试;通话车道指示功能测试;声音质量测试	设备工作正常	1次/季度	
8	自动发卡机	翻转连杆处连接螺钉及固定合页,螺钉要防松;固定连杆的螺钉(包括与支柱及机箱的)要防松	设备工作正常	1次/季度	
9	紧急报警	报警功能测试;报警控制线路测试;警笛音量测试	设备工作正常	1次/季度	
10	雨棚信号灯	清除设备外表灰尘;状态检测测试;信号切换测试;发光亮度测试;可视距离测试	200m外清晰辨识;信号灯红色和绿色切换动作与命令一致	1次/季度	
11	雾灯	清洁雾灯灰尘;检查二极管是否亮	设备干净;二极管正常发光	1次/季度	

收费计算机网络日常维护内容及技术要求 表1-5a

序号	维护内容		技术要求	周期	备注
1	车道收费软件	检查车道收费模块运行情况;检查车道收费模块控制外设情况;检查收费流水、工班上传情况	正常运行、有效控制外设;收费流水全部完整上传	1次/天	
2	图像稽查计算机	图像稽查模块运行情况;检查各种稽查功能	运行正常,可进行各种稽查	1次/周	
3	网络性能测试	检查网络状态;运行繁忙测试;PING测试	网络性能可靠、稳定	1次/周	

收费计算机网络定期维护内容及技术要求 表1-5b

序号	维护内容	技术要求	周期	备注
1	检测收费网络运行情况	各级网络数据库访问正常;网速正常;收费软件访问网络正常	1次/季度	
2	检测收费数据库备份情况	数据库运行正常;数据库备份资料项目齐全、日期准确	1次/季度	
3	检查收费软件的运行日志	收费软件日志显示收费软件运行正常	1次/年	

收费监视系统日常维护内容及技术要求　　表 1-6a

序　号	维护内容	技术要求	周　期	备　注
1	车道摄像机	摄像机灰尘清除;图像清晰	1 次/天	
2	亭内摄像机	图像清晰;摄像位置符合设计要求	1 次/天	
3	广场摄像机	图像清晰;摄像位置符合设计要求	1 次/天	
4	云台	机箱的出线管与箱体连接密封良好,箱体无积水、尘土、霉变	1 次/天	
5	监视器	安装牢固、端正;设备表面光泽一致、无磁化、图像无抖动	1 次/天	
6	光端机	接线整齐、固定可靠,标志正确、清楚,插头牢固	1 次/周	

收费监视系统定期维护内容及技术要求　　表 1-6b

序　号	维护内容		技术要求	周　期	备　注
1	亭内摄像机	清洁摄像机护罩灰尘;检查摄像机温度;检查图像清晰度	设备干净;图像清晰	1 次/季度	
2	车道摄像机	清洁摄像机护罩灰尘;检查摄像机温度;检查图像清晰度	设备干净;图像清晰;立柱安装牢固、端正;基础完好,防腐措施得当,裸露金属机体无锈蚀	1 次/季度	
3	广场摄像机	护罩除尘;外场设备安全保护接地电阻的检查;检查图像的输出波形及电压	设备干净;图像清晰;安全保护接地电阻 ≤4Ω;防雷接地电阻 ≤10Ω	1 次/季度	
4	云台	调节云台水平、垂直转动情况	能正常驱动镜头、云台、雨刷动作,能控制信号电压	1 次/季度	
5	切换矩阵	检查控制键盘图像切换功能;检查报警自动切换功能	正常切换各图像画面;自动切换报警画面、控制自动录像	1 次/季度	
6	光端机	检查光端机输入电源电压和温度、接口清洁情况;检查图像传输情况、中心控制摄像机情况	光端机输入电源电压和温度正常,接口尾纤清洁牢固;接收图像清晰,可控制摄像机	1 次/季度	
7	字符叠加器	检查各接口是否牢固;检查输出波形和叠加字符	图像、字符叠加清楚	1 次/季度	

计重收费设备日常维护内容及技术要求　　表 1-7a

序　号	维护内容	技术要求	周　期	备　注
1	称重仪平整度	称体无明显歪斜,称台缝隙无异物	1 次/天	
2	光栅车辆分离器除尘	防护罩干净,光栅运行正常	1 次/天	
3	轮轴识别器灵敏度检查	传感器灵敏,数据传输正常	1 次/周	

计重收费设备定期维护内容及技术要求 表 1-7b

序号	维护内容		技术要求	周期	备注
1	称重仪	称重精度	0 ~ 30km/h 匀速时,误差≤+3%; 有明显加、减速时,误差≤+5%,离散误差≤+8%	1次/季度	标准检测砝码车
		台面和车道高差	≤+3m	1次/季度	直尺、塞尺测量
		接地电阻	≤+1Ω	1次/季度	地阻仪测量
2	传感器		数据采样频率≥400次/秒	1次/季度	
3	轮轴识别器	轮胎数量、车轴类型、车轴数量判断正确率	≥99%	1次/季度	人工观测与设备测量数据对比
4	红外光栅车辆分离器	分离判断正确率	晴天时>99.5%;雨雪或大雾天气时≥99%	1次/季度	人工观测与设备测量数据对比
		最小分辨物的尺寸	≤50mm	1次/季度	人工设置、钢尺测量
		两车可分离最小间距	≤30mm	1次/季度	人工设置、钢尺测量
5	车辆检测器	分离判断正确率	≥99%	1次/季度	人工观测与设备测量数据对比
		检测线圈电感量	符合要求	1次/季度	电感测试仪

收费系统常见故障及处理方法 表 1-8

序号	故障现象	处理方法	备注
1	收费车道计算机运行速度变慢	检查机箱风扇,退出系统重新开始	
2	专用键盘按键灵敏度下降或失灵	更换内部芯片板、按键;检查通信线,修复故障	
3	道口显示器无信号	更换 CPU 板或其他控制板;维修或更换风扇	
4	显示器色彩偏差、抖动	更换用机,坏机报修	
5	票据打印机出纸不准	调整	
6	票据打印机卡纸	调整传动带、挡板,重新安装票据,清洁	
7	票据打印机异响、不工作	更换轴承或调换色带框	
8	打印字迹不清楚	维护或更换	
9	票据打印机票据错位	重新安装票据或撕掉受潮票据	
10	提示"与读卡器通信失败"	确定读卡器正常上电;确定读卡器与工控机通信端设置对应;检查 PSAM 卡是否有问题	
11	车道图像无字符叠加	检查字符叠加器连线;更换字符叠加器	
12	对讲系统监听无声	正确设置工作状态;调节音量至适当位置;检查线路插口并处理	
13	对讲系统可监听、不能发话	检查并确保开关打开;检查线路插口并处理;检查电源是否正常	

续上表

序　号	故障现象	处理方法	备　注
14	对讲系统不能对话	检查主机电源;检查线路插口并处理;按自检键,查找各分路状态	
15	对讲系统有监听无录音	检查电源是否正常;检查录音机接线	
16	对讲系统噪声大	更换电源或调整接地	
17	电动栏杆无动作	检查接线,更换控制器	
18	电动栏杆电机不能带动栏杆正常运行	调节弹簧拉力使栏杆平衡在与水平面成45°角的位置	
19	车道通过道口,电动栏杆不落杆	电动栏杆是否通电;电动栏杆开关是否被设置在常开状态,关闭常开开关;主控器和检测器的接线是否松动;按主控器或检测器的复位开关进行复位;主控器内的熔断丝若断则更换	
20	费额显示器无显示	参数设置是否正确;显示器是否接通电源;通信电缆的连接是否完好;更换输入/输出板	
21	环形线圈车辆检测器检测不到车辆	调整主控器,设置线圈的合适灵敏度;检查电源连线;更换熔断丝	
22	松开脚踏开关,声光报警一直报警	观察车道控制器面板指示灯“脚踏开关”灯是否常亮,是否按“取消”仍亮;脚踏开关信号需接常开开关	
23	网络中断	通过专用软件和检查日志寻找故障点,并排障处理	
24	车辆分离不清(多辆车判断成一辆车)	统计实际车辆数后采用人工分离车辆的方式进行人工判定处理	
25	车辆分离错误(一辆车判断成两辆车)	采用人工合并车辆的方式,进行人工判定处理	
26	光栅和线圈同时损坏、称台损坏	(1)需要关闭车道,立即报修,并打开备用车道收费; (2)没有任何备用车道可以使用时,由管理所报监控中心,监控中心报经联网管理部同意后,按车型收费	
27	自动发卡机按【取卡】按钮,无反应	(1)更换卡夹,重新操作; (2)更换【取卡】按钮; (3)重新连接好【取卡】按钮连线; (4)检查+12V供电是否正常; (5)检查串口线是否连接正确	

三、监控系统维护

监控分中心的电视墙、大屏幕投影、计算机系统应每天在工作中用观察、保洁等手段进行日常的维护。外场设备应每季度巡查设备的基础、立柱的垂直度、机箱外观、情报板亮度、局部缺字、花字以及设备接地等情况,做好立柱防锈、涂漆,紧固螺栓等工作。监控系统应按表1-9~表1-20进行维护。

监控中心设备定期维护内容及技术要求 表1-9

序号	维护内容	技术要求	周期	备注
1	显示器及CCTV监视器喷涂防静电剂	屏幕及设备外观应保持清洁,无灰尘污渍	1~2次/月	保洁、观察
2	CCTV电视墙	拼接完整、稳固;接头及光电缆外部标志清楚、无老化;金属连接器无锈蚀;带金属列架与接地极连接可靠,接地极无锈蚀	1次/半年	观察,发现问题及时处理
3	控制台内部线路检修与清扫	检查控制台内元器件和线路的颜色、形状、声音等内容,要求无异常颜色、异常形状变化,无异声、异味;线路及元器件排列整洁、标志清楚;接插件连接牢固,无熔解、锈蚀等现象;各种指示灯应表示正确、亮度适当、易于辨别、互不窜光;排风、散热部件工作正常	1次保养/半年; 1次检查/异常天气后	保洁、检查
4	监控室内温度、湿度	温度18~28℃,湿度30%~70% R.H	1次/年	用温湿度计测10个测点
5	监控室内通风、防尘	通风换气装置工作正常,防尘措施B级	1次/年	目测,查验通风装置工作状态
6	△监控中心联合接地电阻,工作接地电阻	≤1Ω	1次/年	接地电阻测量仪测量
7	与外场设备的通信轮询周期	30~60s可调	1次/年	实测10min
8	△与下端设备交换数据的实时性和可靠性	按设定的系统轮询周期,及时准确地与车辆检测器、气象检测器、可变标志等交换数据	1次/年	对于检测器,在外场进行人工测试统计,然后与上端系统按时间段逐一对比,时间不少于30min
9	△图像监视功能	能够监视全程或重点路段的运行状况	1次/年	实际操作
10	△系统工作状况监视功能	系统外场设备的工作状态在计算机和投影仪上正确显示	1次/年	实际操作
11	紧急情况报警	符合设计要求	1次/年	实际操作
12	统计、查询、打印报表功能	操作迅速,正确地统计、查询、打印命令指示、设备状况、系统故障、交通参数等数据	1次/年	实际操作,查询历史数据报表
13	数据备份、存档功能	每日数据备份,并带时间记录	1次/年	实际操作,查询历史数据报表

注:△为必须检测类型。检测仪器的配备:兆欧表、接地电阻测量仪、温湿度计等。

大屏幕投影设备日常维护内容及技术要求　　表 1-10a

序　号	维护内容	技术要求	周　期	备　注
1	监控系统自检情况	报告记录应真实、完整	1 次/日	观察
2	计算机及辅助设备外观完整性	机箱完整，基础、支撑稳固，无明显歪斜	1 次/日	观察
3	投影仪	外观完整无损伤，镜头洁净；风扇冷却部件工作正常，无异声、异味；遥控、切换灵敏	1～2 次/周	保洁、观察

大屏幕投影设备定期维护内容及技术要求　　表 1-10b

序　号	维护内容	技术要求	周　期	备　注
1	支撑	部件完整、稳固；金属件无锈蚀；带电金属机箱与接地极连接可靠，接地极引出线无锈蚀	1 次/年	观察
2	拼接缝	不大于 2mm 或合同要求的尺寸	1 次/年	长度尺实测
3	△亮度	达到白色平衡时的亮度不小于 150cd/m^2	1 次/年	亮度计实测
4	图像显示	正确显示监控中心 CCTV 监视器的切换图像及图形计算机输出信息，图像清晰、稳定、无抖动；图像明亮、色泽鲜艳可调	1 次/年	实际操作
5	△窗口缩放	可对所选择的窗口随意缩放控制	1 次/年	实际操作
6	△多视窗显示	同时显示多个监视断面的窗口	1 次/年	实际操作

注：△为必须检测类型。检测仪器的配备：万用表、兆欧表、接地电阻测量仪、亮度色度测量仪等。

微波车辆检测器日常维护内容及技术要求　　表 1-11a

序　号	维护内容	技术要求	周　期	备　注
1	车辆检测器系统自检	记录应真实、完整；自检异常时，要报告处理，处理结果要落实	1 次/日	检查
2	设备外观完整性	机箱、探头完整，基础、支撑稳固，无明显歪斜	1 次/日	检查

微波车辆检测器定期维护内容及技术要求　　表 1-11b

序　号	维护内容	技术要求	周　期	备　注
1	处理器	保证检测器能够存储最近 15 天数据	1 次/年	观察、检查
2	基础	基础应无影响强度的裂纹，稳固、端正；在路基边坡上或在易受台风、洪水、路基变形等不利于维护的场所，应采取加固等措施；基础周围应进行硬化处理，基础平台保持平整、清洁，无泥土，不积水，无杂草；裸露金属基体无锈蚀；金属机箱与接地极连接可靠，接地极引出线无锈蚀	1 次/半年；1 次/异常天气后	观察，本项同样适用于道路摄像机、可变情报板、气象检测器
3	支撑立柱	无明显歪斜；外部清洁，无车辆溅落物等污渍；防腐层完整、无锈蚀；避雷针、接闪器形状完整，与接地极连接可靠	1 次/年；1 次/异常天气后	除锈、涂漆处理，固定螺钉，本项同样适用于道路摄像机、可变情报板、气象检测器

续上表

序　号	维护内容	技术要求	周　期	备　注
4	△交通量计数精度	允差:±2%	1次/年	人工计数与交通数据采集仪结果比较
5	平均车速精度	允差:±5%(km/h)	1次/年	用雷达测速枪实测值与交通数据采集仪结果比较
6	△传输性能	24小时观察时间内失步现象不大于1次	1次/年	查日志
7	△安全接地电阻	≤1Ω	1次/年	接地电阻测量仪
8	△绝缘电阻	强电端子对机壳≥50MΩ	1次/年	兆欧表测量

注:△为必须检测类型。检测仪器的配备:兆欧表、接地电阻测量仪、测速雷达等。

气象环境检测器日常维护内容及技术要求 表1-12a

序　号	维护内容	技术要求	周　期	备　注
1	气象检测器系统自检情况	记录应真实、完整;处理结果要落实	1次/日	观察
2	设备外观完整性	机箱完整,基础、支撑稳固,无明显歪斜	1次/月	观察
3	风速风向传感器	运转顺畅,风向正确	1次/月	检查

气象环境检测器定期维护内容及技术要求 表1-12b

序　号	维护内容	技术要求	周　期	备　注
1	风速风向仪	风速风向仪等机械运转部件的润滑注油	1次/年	检查
2	△安全接地电阻	≤1Ω	1次/年	接地电阻测量仪
3	绝缘电阻	强电端子对机壳≥50MΩ	1次/年	500V兆欧表测量
4	△温度误差	±1℃	1次/年	温度计实地测量比对
5	湿度误差	±5% R.H	1次/年	湿度计实地测量比对
6	△能见度误差	±10%或竣工验收要求	1次/年	模拟、目测或标准能见度仪实地测量比对
7	风速误差	±5%或竣工验收要求	1次/年	风速仪实地测量比对
8	△数据传输性能	24小时观察时间内失步现象不大于1次	1次/年	查日志

注:△为必须检测类型。检测仪器的配备:万用表、兆欧表、接地电阻测量仪、标准温湿度计和风速仪等。

闭路电视监视系统日常维护内容及技术要求　　表 1-13a

序　号	维护内容	技术要求	周　期	备　注
1	设备外观完整性检查	机箱完整,基础、支撑稳固,无明显歪斜	1 次/周	检查
2	摄像机云台动作监控	运转顺畅、相应正确	1 次/周	观察、检查
3	清洁监视器和遥控器	外观清洁,无尘土和污渍	1 次/周	保洁

闭路电视监视系统定期维护内容及技术要求　　表 1-13b

序　号	维护内容		技术要求	周　期	备　注
1	外场摄像机	云台	全天候、全方位室外云台;旋转角度:至少满足水平 355°,向上 15°,向下 60°;旋转速度:水平转速 6°/s,垂直转速 3°/s;可设置多个预置点;载重量:按照须承载设备重量配置;工作方式:水平持续旋转,垂直间断;最大抗风力 40m/s,在风力为 6 级风速时的情况下,遥摄和俯仰摄的工作须维持在额定指标的 5% 以内	1 次/周; 1 次/异常天气后	试验,及时加注润滑油
		镜头	自动光圈、电动变焦、电动聚焦;焦距:十倍以上镜头,高于 16 ~ 160mm 范围,再加装变倍器;光圈:优于 F(1)3 ~ F360。 安装方式:C 型	1 次/月; 1 次/异常天气后	保洁
		防护罩	附件:遮阳罩、风扇、电热板、雨刷、除霜器等;防护等级:符合 IP66 标准;自动温度调节;温度低于 -5℃开始加热,高于 +5℃停止加热;高于 +45℃开始降温,低于 +35℃停止降温;自动除霜:安装有除霜玻璃,自动除霜;电动雨刷器:可遥控,自动回位;最大抗风力:≥40m/s	1 次/季; 1 次/异常天气后	保洁,异常天气应及时检查
2	复用光端机		视频输入输出接口:BNC 接口(1)0VP - P,75Ω; 信噪比:≥60dB;误码率:<10 -9	1 次/年	试验观察

可变信息标志日常维护内容及技术要求　　表 1-14a

序　号	维护内容	技术要求	周　期	备　注
1	可变标志系统自检情况	报告记录应真实、完整	1 次/日	观察
2	设备外观完整性	机箱完整,基础、支撑稳固,无明显歪斜	1 次/周	观察
3	显示屏	显示清晰、不花屏,失控点不大于 0.3%	1 次/周	保洁

可变信息标志定期维护内容及技术要求　　表 1-14b

序号	维护内容	技术要求	周　期	备　注
1	显示屏幕的清洁、保养	屏幕应保持清洁,无车辆溅落物等污渍及寄生动物排泄物	1 次/月; 1 次/异常天气后	保洁
2	安全接地电阻	≤1Ω	1 次/年	接地电阻测量仪
3	△绝缘电阻	强电端子对机壳≥50MΩ	1 次/年	500V 兆欧表测量
4	△视认距离	120km/h,≥250m	1 次/年	按 JT/T 431
5	△数据传输性能	24 小时观察时间内失步现象不大于 1 次或 BER 小于 10^{-8}	1 次/年	查日志或用数据传输测试仪

续上表

序号	维护内容	技术要求	周期	备注
6	自检功能	能够向中心计算机提供显示内容的确认信息及本机工作状态自检信息	1次/年	实际操作
7	△显示内容	正确地显示中心计算机发送的内容	1次/年	实际操作
8	亮度调节功能	能自动根据环境照度自动调节显示屏的亮度	1次/年	实际操作

注:△为必须检测类型。检测仪器的配备:兆欧表、接地电阻测量仪、数据传输测试仪等。

隧道通风系统日常维护内容及技术要求 表1-15a

维护对象	维护内容	技术要求
CO/VI/WD/LI/LO检测器	查检数据采集功能的检查;数据采集周期可调检查	可采集需检测的参数;数据采样周期固定、可调、与时期操作相符
风机	风机的启动检查	响应正确;风机启动平稳、运转灵活,无异常噪声

隧道通风系统季度维护内容及技术要求 表1-15b

维护对象	维护内容	技术要求
CO/VI/WD/LI/LO检测器	机箱密封性检查;数据采集功能的检查;数据采集周期可调检查	机箱密封良好、干净;机箱内无积水、尘土、霉变;可采集需检测的参数;数据采样周期固定、可调、与实际操作相符
风机	清除风机转叶上的积尘;转轴注入润滑油;功能的测试(正转、反转、停转控制)	风机安装端正、牢固;扇叶转动灵活、无裂缝;风机转叶上无积尘;风机运转灵活,无异常噪声;响应正确
电流、电压变送器	启动相应的风机,使工作异常的电压变送器输入端加一交流电压,分别测量输入端电压和输出端的直流电流值(一般为4~20mA),观察测量值是否准确	电流电压变送器输出正常

CO/VI/WD/LI/LO检测器年度维护内容及技术要求 表1-16

维护对象	维护内容	技术要求
外观检查	检查机箱安装情况;清点配件数量;检查配件型号	机箱密封良好,机箱端正、牢固;配件齐全,部件完整
功能测试	使用相应仪表检测CO/VI/WD/LI/LO值;从屏幕上读取CO/VI/WD/LI/LO值	显示屏读取参数与相应仪表读数相当
安全性检查	使用500V兆欧表测量绝缘电阻;使用接地电阻测量仪测量安全保护接地电阻;使用接地电阻测量仪测量防雷接地电阻	强电端子对机壳绝缘电阻≥500MΩ; 安全接地保护电阻≤4Ω; 防雷接地电阻≤10Ω

隧道风机年度维护内容及技术要求　表1-17

维护对象	维护内容	技术要求
外观检查	检查机架在隧道墙壁上的螺钉是否松动；检查风机在机架上的螺钉是否松动；检查扇叶是否从转轴上松动；检查扇叶表面是否有裂缝	风机安装端正、牢固；扇叶转动灵活、无裂缝

隧道火灾报警系统季度维护内容及技术要求　表1-18

维护对象	维护内容	技术要求
手动报警按钮	测试警铃、警灯工作是否正常；在隧道对火灾报警按钮进行测试，查看中心的火灾报警控制程序能否正确显示该告警信息	无短路、断路；正常工作
火灾报警控制器	测试火灾报警控制程序与隧道火灾报警控制器通信；检查火灾报警计算机的串口是否工作正常；检查从火灾报警控制器上传的RS232线路情况	正常相应报警动作；无故障信息显示
火灾探测器	检查火灾报警控制器与智能监视模块通信线路是否正常；检查火灾报警控制器所连的智能监视模块与火灾报警控制器的通信线路是否正常；清洁表面灰尘	无短路、断路；正常使用

通风系统故障维修方法　表1-19

序　号	故障现象	处理方法
1	接通电源后电机不转，也听不到任何声音	判断定子线圈无电流通过。先用万用表电阻挡测电源插头，表针不动，拆下插头线后测电机引出线，表针仍不动，说明定子线圈或引出线有断路。若断线较少，按绕组绕线方向一一接通，若损伤严重就只有按原机数据重新嵌放新线包
2	接通电源后电机不转，发出“嗡嗡”声	首先拨一下风叶，看转动是否灵活，若转动灵活，则原因是副绕组断路或电容损坏。用万用表R×1k挡测电容已无充放电，更换一只同容量电容后试机
3	接通电源后电机不转，发出“喳喳”噪声	打开外盖，取下风叶，转子轴转动灵活，用手上下抬压转子轴有“喀哒”声。通电后用手帮助转子转动，仍不转，通知承包人或代维单位前来维修

监控系统常见故障及处理方法　表1-20

序　号	故障现象	处理方法
1	投影仪亮度低	(1)镜头上有灰尘；用镜头纸清洁镜头； (2)投影灯上积灰尘；用镜头纸清洁定影灯； (3)投影灯泡损坏，更换灯泡
2	投影仪黑屏	(1)投影仪灯泡损坏，更换原装灯泡； (2)灯泡松动，关闭电源，待仪器冷却后更换灯泡； (3)通风口被遮挡，仪器过热，检查通风口，关闭仪器
3	投影画面模糊、抖动、拖尾	(1)信号电缆接口松动，检查接口与线缆； (2)信号衰减，可在信号源后面添加信号放大器

续上表

序　号	故障现象	处理方法
4	车检器数据不正确	(1)视频检测器未调整好,调整视频检测器的灵敏度; (2)视频检测器参数异常,检测视频检测器
5	车检器信道无法检测,检测错误	(1)板子信道开关是否已打开,打开板子上信道开关; (2)板子上灵敏度开关是否有问题,检查板子上灵敏度开关,如灵敏度过低,则适当调高; (3)检测信道本身的问题,无法修复则更换视频检测器; (4)视频检测器有没有连接,连接视频检测器; (5)视频采集卡是否损坏(开路或短路),无法修复则更换视频采集卡
6	气象检测器无数据传回监控中心	(1)主板故障,检查主板上的显示,不正常时,应立即更换; (2)通信线路故障,便携式计算机与气象站维护端口相连,用程序检查是否有数据传输
7	能见度数据不正常	(1)镜头有灰尘污染,清洁镜头和防护罩; (2)接收机或发射机故障,将接收机和发射机送修
8	全部监视器无图像	一般为电源故障,检查电源电路、排除故障点
9	可变信息标志局部花字、缺字	(1)该子显示控制板的译码电路损坏,修复显示控制板故障; (2)供电不正常,检查模块的供电是否正常; (3)LED 集束像素故障,更换像素管
10	可变信息标志控制失控	(1)控制系统板故障,修复或更换控制系统板; (2)软件有问题,程序问题采用强制复原方法试验; (3)通信线路故障,不能接收数据,检查通信线路和光收发器; (4)电源系统故障,修复电源
11	可变信息标志全屏不亮	(1)供电不正常,检查电源熔断丝和电源系统; (2)通信中断,检查通信线缆的连接; (3)数据控制板与显示控制板通信故障,更换控制模块

四、通信系统维护

分中心、站级通信设备包括光纤数字传输系统、接入网设备、数字程控交换系统、通信电源、通信光缆等,在进行日常巡查及维护的过程中,打开机柜后,如需对机板进行操作,必须佩戴机柜上附带的防静电手镯,防止人体静电对设备机板的损伤。如需对机板进行更改或维护而拔出机板时,首先同时拨开机板上方和下方的固定卡(如果是光板、以太网板等,则先把尾纤、网线拔出再进行下一步操作),然后顺着机板的卡槽轻轻拔出;插入机板时进行反操作即可。通信系统应按表 1-21 ~ 表 1-26 进行维护。

光纤数字传输系统日常维护内容及技术要求　　表 1-21a

序　号	维护内容	技术要求	周　期	备　注
1	查询各网元及单板运行情况	正常情况下，应弹出该网元的板位配置窗口，所有单板应处于正常工作状态，否则为通信中断或故障态	1次/天	查看网管的网元分布主界面状态，双击各网元
2	查询各网元告警情况	所有网元均无告警，板卡灯绿色闪烁；如果有告警，及时通知维护人员排除	1次/天	进入接入网传输网管子系统的[网元分布]主界面状态，单击鼠标右键网元后，选择[当前告警查询]
3	查看网管日志	没有对网管的企图登录；无不明的数据更改操作	1次/天	进入接入网传输网管子系统，选择[日志管理]

光纤数字传输系统定期维护内容及技术要求　　表 1-21b

序　号	维护内容	技术要求	周　期	备　注
1	传输网管子系统数据库转储和整理	转储过程正常	1次/月	在传输网管子系统中，将日志、告警、性能等数据压缩后转储到C盘以外的其他媒质(U盘、移动硬盘)上
2	传输网管子系统配置数据库备份	备份过程正常	1次/月	将C盘目录下的网管配置文件备份到C盘以外的其他媒质(U盘、移动硬盘)上
3	线缆系统		1次/季度	检查所有的内部线缆与外部线缆是否存在破损、老化、腐蚀、电弧灼伤等缺陷或隐患

接入网设备日常维护内容及技术要求　　表 1-22a

<table>
<tr><th>序号</th><th colspan="2">维护内容</th><th>技术要求</th><th>周　期</th><th>备　注</th></tr>
<tr><td>1</td><td colspan="2">告警显示和声响提示；实时告警信息</td><td>告警功能正常。
查询正常，应无告警；如有告警，通过告警台查询和处理。
系统中无未恢复的告警；如有告警，必须及时处理</td><td>1次/日</td><td>在接入网终端的告警系统中[告警信息/实时告警信息浏览]功能下，查询系统中所有未恢复的告警信息</td></tr>
<tr><td>2</td><td colspan="2">接入网主机设备运行</td><td>网元图标应显示该ONU点的实际定义名称，网元图标应与实际网元类型一致，网元运行正常时为绿色，故障时为红色</td><td>1次/日</td><td>进入接入网维护系统的[网元分布]主界面状态，在网元分布子窗口中观察每个网元的运行状态</td></tr>
<tr><td rowspan="3">3</td><td rowspan="3">V5接口</td><td>V5消息统计维护项目</td><td>正常情况应该没有该消息，如果出现异常消息需要分析接入网侧的资源状况等情况</td><td>1次/日</td><td>统计BCC-分配拒绝消息：在维护系统主界面/V5消息统计</td></tr>
<tr><td>检查V5接口状态</td><td>在V5接口状态栏中检查各协议数据链路状态应为链路已建立</td><td>1次/日</td><td>在维护系统主界面[业务接口/V5系统]，在操作选项中选择[查询V5接口]</td></tr>
<tr><td>查询V5接口中所有的2M链路状态</td><td>在2M链路查询结果状态中检查所有链路的工作状态应为可用</td><td>1次/日</td><td>在维护系统主界面[业务接口/2M链路]，在操作选项中选择[查询]</td></tr>
</table>

接入网设备定期维护内容及技术要求 表 1-22b

序号	维护内容	技术要求	周期	备注
1	磁盘空间整理、碎片整理及查杀病毒	杀净计算机上的所有病毒	1 次/月	在查杀病毒之前,一定要先做接入网终端数据库、传输网管子系统配置数据库的备份
2	电源线连接情况检查	连接安全、可靠;电源线无老化,连接点无腐蚀	1 次/月	检查防雷单元、电源模块等交流连线
3	防护装备		1 次/季度	检查机柜顶部和底部各电缆出口的缝隙是否被封堵,定期检查机柜顶部、内部是否有异物坠入
4	硬件设备	无灰尘	1 次/年	抽出设备各机柜中防尘板,清理干净积尘
5	接地系统	电阻小于 1Ω	1 次/年	测量通信局的联合接地的接地电阻值

数字程控交换系统日常维护内容及技术要求 表 1-23a

序号	维护内容		技术要求	周期	备注
1	告警系统与环境监控	机架行列告警灯	指示灯功能正常报警正常	1 次/日	
		告警箱	指示灯、蜂鸣器功能正常和报警	1 次/日	
		告警台	告警台功能正常,并查询和确认所有的告警信息	1 次/日	
		环境监控	远端机房环境的状态正常	1 次/日	
			远端机房电源的状态正常	1 次/日	
2	系统维护	硬件运行	ZXJ10 各机框内单板的状态正常	1 次/日	
		软件运行	模块间通信链路的工作状态正常	1 次/日	
3	信令链路	软件运行中继电路	外部时钟参考源的状态正常	1 次/日	
			各模块的时钟同步状态正常	1 次/日	
			系统软件正常运行	1 次/日	
			中继电路不存在闭塞、锁定、故障等异常状态	1 次/日	
		MTP 链路	MTP 链路不存在断链、管理阻断等故障现象	1 次/日	
		V5 链路	V5 链路不存在断链、端口去激活等故障现象	1 次/日	

数字程控交换系统定期维护内容及技术要求 表 1-23b

序号	维护内容		技术要求	周期	备注
1	BAM 维护	硬件维护		1 次/月	定期删除 BAM 历史话单
				1 次/月	定期删除垃圾或过时数据
		软件维护		1 次/月	定期对 BAM 进行病毒查杀
		系统时间校准		1 次/月	定期检查并校准 ZXJ10 的系统时间,使之与北京时间保持一致
2	其他设备	硬件维护	保持干净	1 次/月	抽出设备各机柜中防尘板,清理干净积尘
				1 次/月	单板除尘
		供电系统		1 次/月	定期检查各电源端子、插头、插座的外形、接触、配合等是否良好,是否明显存在腐蚀、过流、过温等缺陷或隐患
				1 次/月	定期检查所有二次电源板的状态是否正常,对应母板上的保险管有无烧毁、爆裂、放电、接触不良等缺陷

通信电源定期维护内容及技术要求　　表 1-24

序号	维护内容		维护周期	备注
1	线缆连接情况	连接安全、可靠	1 次/月	检查线缆是否存在破损、老化、腐蚀、电弧灼伤等缺陷或隐患
		线路无老化,连接点无腐蚀	1 次/年	检查防雷单元、电源模块等交流连线
2	电源系统	无灰尘	1 次/月	清扫防尘面板的灰尘
		电压、电流显示正常;电源线连接安全,无老化,连接点无腐蚀	1 次/年	查看电源模块的面板指示输出是否正常;检查防雷单元、电源模块等交流连线
3	接地系统	连接安全、可靠;接地线无老化,连接点无腐蚀	1 次/季度	检查所有接地线各端子的接触、配合;检查地阻是否合格
		以摇表测定接地电阻,如大于规定联合接地 1Ω,则需要重新调整和敷设地网	1 次/年	接地系统、接地母线连接的全面检查;地网检查、接地电阻测试调整
4	蓄电池	电池的外壳清洁、无破损,电池端子应无压弯变形,电池间距应大于等于 10mm。电池间连接处有无松动、腐蚀现象;环境温度和蓄电池表面的温度应近似相等;系统能正常切换到蓄电池供电	1 次/年	检查电池外观;检查电池间连接件;检查环境和电池温度;检查电池浮充电压;切断交流输入,系统能否正常切换到蓄电池供电;蓄电池的离线容量测试

通信光缆定期维护内容及要求　　表 1-25

序号	维护内容	周期	备注
1	检查光、电缆接头部分和接线盒	1 次/月	保证光、电缆在接线盒内的连接固定牢靠,外观无破损、无虫害,发现问题及时处理
2	检查机房光、电缆进线配线箱避雷器是否完好	1 次/月	发现问题及时处理
3	清洁光缆各备用尾纤接头、法兰盘等,并对光缆的各备用纤芯作导通测试	1 次/月	对不合要求的纤芯则重新做好熔接接续
4	巡检沿线手孔、人孔、管道设施清洁和安全性,检查井盖丢失情况并抽检子管堵头	1 次/月	发现问题及时处理
5	光缆的各业务和备用纤芯的性能参数做完整的检测和校正	1 次/年	发现问题及时处理

通信系统常见故障及处理方法　　表 1-26

序号	故障现象	处理方法	备注
1	信道全部中断	(1)用 OTDR 查找故障点,排除故障; (2)用光功率计检测,排除故障; (3)通过网管系统查找故障	
2	光端机告警	(1)用 OTDR 查找故障点,排除故障; (2)用光功率计检测,排除故障	

续上表

序号	故障现象	处理方法	备注
3	内线电话中断	(1)查看分中心网管告警; (2)针对网管告警找出相对应板卡或连线	
4	网络故障	首先查看设备是否断电和光纤的连接情况,查看设备光路是否告警,查看三层交换机的状况,如果是光路的问题则根据网络图查找故障原因,分析哪个链路出现问题、光纤连接情况等,同时可采用光功率计和OTDR测量光纤的方式。如果是网线的问题,则需要重新做网线,查看网线到电脑之间、到交换机之间连接是否完好	
5	光缆故障	如果网管系统和设备上出现光路告警的状况,应首先检测网管系统和设备,分辨出是本地收无光还是对端收无光。本地收无光排查方法:检查尾纤头两端是否插紧、尾纤是否破裂,如果没有异常则需用OTDR测量光纤长度,以确定中断地点,然后根据测量的光纤长度到相应地点进行排查。对端收无光排查方法:首先用光功率计测试本地光路发光情况,并检查尾纤头两端是否插紧、尾纤是否破裂,如果没有异常则需用OTDR测量光纤长度,以确定中断地点,然后根据测量的光纤长度到相应地点进行排查	

五、供配电系统维护

高速公路供配电系统包括变电和配电两部分,主要由高压引入线路、电力变压器、自备柴油发电机组、备用不间断电源(UPS)、高低压配电装置、继电保护及信号装置、补偿电容和其他附属装置、计量装置、配电线路、电力监控系统等组成,为高速公路各种用电设施提供电源,保证24小时不间断供电。供配电系统应按表1-27~表1-31进行维护。

柴油发电机(组)日常维护内容及技术要求 表1-27

序号	维护内容	技术要求	周期	备注
1	发电机清洁保养	发电机外壳干净、整洁,水箱外的散热片清洁干净,水箱内的水质干净、水量充足	1次/日	观察,记录
2	发电机房通风设备检查	发电机房通风设备良好	1次/日	观察,记录
3	风扇皮带测试	风扇皮带张力满足要求	1次/日	观察
4	发电机组检查	机组无渗漏,包括机油、柴油、冷却水;机组无异响;电球、轴承、充电机启动马达的运行情况良好	1次/日	观察,记录
5	水箱检查	水箱冷却液浓度正常,冬季检查防冻液是否正常	1次/日	观察,记录
6	控制屏,电器接口、指示仪表、开关检查	控制屏,电器接口、指示仪表、开关的工作状态正常	1次/日	观察,记录
7	蓄电池组检查	蓄电池是否有足够电压,有无漏液现象	1次/日	观察,记录
8	喷油系统检查	工作正常	1次/日	观察,记录
9	油料检查	能否满足正常需要,气温低于0℃时是否为-10号油	1次/日	观察

不间断电源日常维护内容及技术要求　　表1-28

序　号	维护内容	技术要求	周　期	备　注
1	蓄电池表面	清洁蓄电池表面的灰尘，清除蓄电池接头上的金属氧化物	1次/日	检查风扇防尘网是否阻塞
2	接线头	检查螺钉是否拧紧	1次/日	观察
3	散热风扇	检查散热风扇是否正常，是否有异物	1次/日	观察
4	机内各插接板	检查机内各插接板的固定是否正常	1次/日	观察
5	机房	温度、湿度、通风、清洁度满足要求	1次/日	观察
6	面板显示	面板显示是否正常		观察

低压配电设备日常维护内容及技术要求　　表1-29

序　号	维护内容	技术要求	周　期	备　注
1	检查母线及接头的连接	有无变色、放电、破损的痕迹	1次/日	观察
2	绝缘瓷瓶	目测有无破损及放电痕迹	1次/日	观察
3	电缆及其终端	目测有无漏油或其他异常现象	1次/日	观察
4	熔断器	目测熔体是否熔断或变形，熔管有无破损和放电痕迹	1次/日	观察
5	无功补偿装置	目测电容器有无鼓包、漏油痕迹，控制器是否正常，热继电器、交流接触器是否正常	1次/日	观察
6	各项仪表	指示是否正常，有无破损现象	1次/日	观察
7	盘柜外观	绝缘胶垫是否完整，门、锁具是否正常，有无积尘	1次/日	观察

电力电缆线路日常维护内容及技术要求　　表1-30

序　号	维护内容	技术要求	周　期	备　注
1	配电箱外观	防腐涂层光泽一致，无划伤、无刻痕、无剥落，配电箱安全标示，锁具完整，箱内接线整齐、回路编号齐全正确	1次/月	观察
2	配电箱内部	机箱密封良好，机箱内应无积水、无明显尘土和霉变	1次/月	观察
3	配电箱接地	接地焊接牢固，焊缝饱满并做防腐处理	1次/月	观察
4	电缆终端	电缆终端沿电缆井引入时，电缆排列整齐有序、绑扎牢固；进入墙壁保护套管完好	1次/月	观察
5	高压线路	高压线杆无倾斜，高压线路附近无接地隐患	1次/季	观察

供配电系统常见故障及处理方法 表 1-31

序号	故障现象		处理方法	备注
1	柴油机启动困难	燃油阀未打开	打开燃油阀门	
		供油系统内有空气或油泵未供油	检查供油系统	
		空气滤清器或进气管道有堵塞现象	排除空气滤清器或进气管道堵塞	
		燃油管路有堵塞	排除燃油管路堵塞	
		环境温度低	加温	
2	启动后运转不稳	燃油质量差	检查燃油质量	
		工作时间过长	检查工作时间	
		燃油雾化不良	检查喷油嘴喷油情况	
		气门间隙不当	检查,调整气门间隙	
		供油路中漏空气	检查油路	
		调速器故障	检修调速器	
3	UPS 市电供电时,交流保险丝熔断	输出回路短路或过载	减少负载,消除短路	
		脉宽调制器上无驱动脉冲输出	检查脉宽调制器的工作	
		输入端火线与零线接线错误	改正错误的接线	
		驱动电路输出不平衡	及时更换器件,修复电路功能	
4	蓄电池丧失正常充放电特性	逆变器损坏	更换器件	
		蓄电池内阻过大,或蓄电池的端电压偏低	对蓄电池进行均衡充电	

六、照明及防雷接地系统维护

照明系统主要为收费广场、收费匝道、收费站区、高速互通立交及重点路段提供夜间照明,由灯杆、灯具、控制器、电容和供电线路等部分组成。照明系统应按表 1-32 进行维护。

照明系统日常维护内容及技术要求 表 1-32a

序号	维护项目	维护周期	备注
1	灯具完整性	1 次/半月	报告记录应真实、完整
2	灯杆基础外观完整性	1 次/半月	机箱完整,基础、支撑稳固,无明显歪斜,抽查评定周期内记录的 30%
3	发光情况检查	1 次/半月	按时点亮,抽查评定周期内记录的 30%

照明系统定期维护内容及技术要求 表 1-32b

序号	维护项目		维护周期	备注
1	灯具与光源	巡视检查	1 次/月	观察、发现损坏更换
		清扫与检修	1 次/半年	保洁与维修
		钢杆防腐	1 次/5 年	除锈、涂漆

续上表

序号	维护项目		维护周期	备　注
2	高杆灯	巡视检查	1次/月	观察、更换
		灯架防腐	1次/2月	损坏时更换
		清扫与检修	1次/(0.5~1)年	保洁与维修
		升降器检修	1次/半年	检查与维修
3	照明配电箱	巡视检查	1次/月	观察、更换
		清扫与检修	1次/半年	更换、紧固、涂漆
		检测光控、时控	1次/半年	损坏后及时更换
		测试接地电阻	1次/年	接地电阻测定仪测试

防雷接地系统的功能是保持电源中性点以及电气设备机壳与大地同电位,并且在雷电出现时将其能量泄放到大地,从而保证人身安全和设备的正常运行。该系统包括变电所、收费站(及分中心、中心)以及各种机电设备的接地与防雷装置。高速公路一般采用将工作接地、保护接地、防雷接地三者统一的联合接地系统。

所有与高、低压电器有关的及其他金属元件(带电结构除外)都应按照 GBJ 65 以及 IEC 标准的有关规定,固牢和有效地接零和接地,并进行等电位连接,构成等电位接地系统。工作接地、保护接地及防雷保护接地共使用一组接地装置,为共用接地装置。

接地与防雷装置的安装及验收,必须按照《电气装置安装工程接地装置施工及验收规范》(GB 50169—2006)、实际施工图及本技术规范的规定执行。

附表一

维修保养(远程监控)巡查记录表

项目名称：　　　　　　　　合同段：　　　　　　　　日期：　　年　　月　　日

序号	巡查内容	存在问题简单描述（注明摄像头桩号、左右半幅、问题基本情况）	巡查时间	备注（是否需要现场核实）
1-1	路基边坡、边沟较大水毁			□需要　□不需要
1-2	路面较大散落物、坑槽、唧泥			□需要　□不需要
1-3	桥面较大散落物、坑槽、唧泥			□需要　□不需要
1-4	护栏、标志、防眩板（网）、防落网、隔离栅（刺丝）缺失、倒伏；标线损坏			□需要　□不需要
1-5	声屏障缺损、倒伏			□需要　□不需要
1-6	中央分隔带绿化苗木枯死、缺失			□需要　□不需要
2	施工区：布置、作业、着装、保通人员、保洁情况			□需要　□不需要
3	护路员：现场工作情况			□需要　□不需要
4	监理：现场工作情况			□需要　□不需要
5	其他			□需要　□不需要

注：远程监控养护巡查要求：每天利用远程监控摄像头对辖区进行两次巡查。做好必要的图片资料收集工作。

巡查人：

附表二

维修保养(集中)巡查记录表

项目名称：　　　　　　　　合同段：　　　　　　　　日期：　　年　　月　　日

序号	巡 查 内 容	存在问题简单描述 (桩号、左右半幅、问题基本情况)	备　注 (病害数量、尺寸、严重程度及其他)
1-1	路基:清洁情况,明显水毁		
1-2	路基:路缘石、拦水带明显损坏		
2	路面:清洁情况、明显病害		
3-1	天桥:涂装损坏、防落网明显缺损		
3-2	桥面:清洁情况、明显病害		
4-1	隧道:路面、检修道清洁情况		
4-2	隧道:内装清洁、明显损坏情况		
4-3	隧道:排水不畅情况		
5	交通安全设施:清洁情况、明显缺损、涂装损坏		
6	绿化:苗木长势、缺失情况		
7	施工区:布置、作业、着装、保通人员、保洁情况		
8	护路员:现场工作情况		
9	监理:现场工作情况		

巡查人：

附表三

维修保养(步行)巡查记录表

项目名称：　　　　合同段：　　　　日期：　　年　　月　　日

序号	巡 查 内 容	存在问题简单描述 (桩号、左右半幅、问题基本情况)	备　注 (病害数量、尺寸、严重程度及其他)
1	路基:路肩边沟不洁、路肩损坏、边坡坍塌、水毁冲沟、路基构造物损坏、路缘石(拦水带)缺损、路基沉降、排水系统淤塞		
2	路面:龟裂、块状裂缝、纵向裂缝、横向裂缝、坑槽、松散、沉陷、波浪壅包、泛油、修补		
3	交通安全设施:防护设施缺损、隔离栅损坏、标志缺损、标线缺损		
4	环保设施:声屏障损坏		
5	绿化:管养不善		

巡查人：

附表四-1

桥梁经常检查记录表

管理单位：					
路线编码		路线名称		桥位桩号	
桥梁编码		桥梁名称		养护单位	
部件名称	缺损类型	缺损范围		维修保养措施意见	
翼墙					
锥坡、护坡					
桥台及基础					
桥墩及基础					
地基冲刷					
支座					
上部机构异常变形					
桥和路连接					
伸缩缝					
桥面铺装					
人行道、缘石					
栏杆、护栏					
标志、标线					
排水设施					
照明系统					
桥面清洁					
调治结构物					
（其他）					
巡查负责人		记录人		检查时间	年　　月　　日

附表四-2

涵洞、通道经常检查记录表

管理单位:					
路线编码		路线名称		涵洞(通道)桩号	
养护单位		涵洞(通道)类型			
序号	部件名称	缺损范围		维修保养措施意见	
1-1	进水口				
1-2	出水口				
1-3	涵身两侧				
1-4	涵身顶部				
1-5	涵底铺砌				
1-6	涵附近填土				
2-1	通道两侧				
2-2	通道顶部				
2-3	通道底部				
2-4	通道附近填土				
2-5	通道排水设施				
巡查负责人		记录人		检查时间	年　月　日

附表四-3

隧道日常检查记录表

隧道名称:________(左洞/右洞)　　路线名称:________
隧道编码:________　　路线编码:________
管理单位:________　　养护单位:________
检查日期:________　　天　　气:________

项目名称	检查内容	检查情况 (注明桩号、上下行)
洞口	边(仰)坡有无危石、积水、积雪;洞口有无挂冰;边沟有无淤塞;结构物有无开裂、倾斜、沉陷等	
洞门	结构有无开裂、倾斜、沉陷、错台、起层、剥落;施工缝有无渗透水	
衬砌	结构有无裂缝、错台、起层、剥落;施工缝有无渗透水;有无挂冰、冰柱	
路面	有无落物、油污、滞水或结冰;有无路面拱起、坑洞、开裂、错台等	
检修道	有无结构破损、盖板缺损;有无栏杆变形、损坏	
排水设施	有无破损、堵塞、积水、结冰	
吊顶	有无变形、破损、漏水、挂冰	
内装	有无脏污、变形、破损	

巡查人:　　　　巡查时间:

附表五

维修保养(特殊情况)巡查记录表

项目名称：　　　　合同段：　　　　日期：　　年　　月　　日

序号	巡查分类	巡查情况	存在问题简单描述(注明桩号、左右半幅、问题基本情况、基本工程量)	备注(是否需要派发通知单)
1	大雨暴雨对路基边坡是否造成水毁	□无水毁 □有水毁		□需要 □不需要
2	大雨暴雨对排水设施是否造成淤塞、水毁	□无水毁 □有水毁		□需要 □不需要
3	大雨暴雨对各类圬工是否造成水毁	□无水毁 □有水毁		□需要 □不需要
4	路面、中央分隔带是否存在散落物或病害	□存在 □不存在		□需要 □不需要
5	桥面是否存在散落物或病害	□存在 □不存在		□需要 □不需要
6	涵洞通道是否存在积水淤积	□存在 □不存在		□需要 □不需要
7	路面是否存在积雪、结冰	□存在 □不存在		□需要 □不需要
8	大风天气后是否存在交通安全设施倾倒或变形	□存在 □不存在		□需要 □不需要
9	地震后是否存在结构损坏	□存在 □不存在		□需要 □不需要
10	其他			□需要 □不需要

巡查人：

附表六

维修保养(专项检查)巡查记录表

项目名称：　　　　　　　　合同段：　　　　　　　　日期：　　年　　月　　日

桩　号	上/下行	病害基本情况	具体工程量

巡查人：　　　　　　　　　　　　巡查日期：　　年　　月　　日

附表七

编号:________

维修保养通知单

________________________:

经现场巡查核实,发现以下问题,请及时安排养护施工,在要求的时间内完成修复(更换)。

序号	养护作业具体内容				完成时效(必须在要求的时间内完成该项工作)	备注
	桩号	上/下行	工作内容描述	工程量		
1						
2						
3						
4						
5						
6						
7						
8						

注:以上工作如未按规定的时间完成,××分公司养护部将按照合同及管理办法有关规定进行处罚。

养护部门(业主)签字:　　监理工程师签字:　　承包人签字:　　下发时间:________

附表八

编号:________

维修保养有关路产损失现场确认单

养护部门现场巡查发现(路产损失)问题,经与路政部门联合现场确认,基本情况如下:

路产损失基本情况描述				备　注
桩号	上/下行	损失类型	损失路产具体数量	
		□正常损坏 □交通事故 □偷盗(被盗) □交通事故逃逸 □自然不可抗力损坏		

养护部门(盖章):

以上记录内容属实,数量准确。现场确认人签名:

路政部门(盖章):

以上记录内容属实,数量准确。现场确认人签名:

养护监理单位(盖章):

以上记录内容属实,数量准确。现场确认人签名:

养护承包人(盖章):

以上记录内容属实,数量准确。现场确认人签名:

(本确认单一式三份,路政部门、养护部门、养护施工单位各保留一份)

确认时间:　　年　　月　　日

附表九

编号:________

维修保养已修复路产损失现场确认单

业主养护部门现场巡查发现(路产损失)问题,已修复(更换)完毕,经与路政部门联合现场确认,基本情况如下:

路产损失基本情况描述				备　注(完成修复时间)
桩号	上/下行	损失类型	损失路产具体数量	
		□正常损坏 □交通事故 □偷盗(被盗) □交通事故逃逸 □自然不可抗力损坏		

养护部门(签名):

以上记录内容属实,数量准确,经检验确认合格。

路政部门(签名):

以上记录内容属实,数量准确,经检验确认合格。

监理工程师(签名):

以上记录内容属实,数量准确,经检验确认合格。

承包人(签名):

以上记录内容属实,数量准确。现场确认人签名:

(本确认单一式两份,路政部门、养护部门各保留一份)

确认时间:　　年　　月　　日

附录一

高速公路技术状况检评制度

为加强高速公路养护管理工作，科学评定高速公路技术状况和服务水平，推进高速公路路况检评工作的科学化、规范化和制度化，需定期对高速公路技术状况进行检测和评定。

一、高速公路技术状况数据检测

高速公路技术状况评定所需数据的检测应积极采用现代化检测设备，并委托有公路工程乙级以上（含乙级）试验检测资质的试验检测机构进行，以保证数据精度和质量。

公路技术状况检测以 1 000m 为基本检测或调查单元，按上行方向（桩号递增方向）和下行方向（桩号递减方向）分别检测、记录。

二、高速公路技术状况数据检测的方法、频率

1. 沥青路面破损状况调查

（1）沥青路面破损状况按龟裂、块状裂缝、纵向裂缝、横向裂缝、坑槽、松散、沉陷、波浪壅包、泛油、修补等类型分别调查统计，各种损坏类型的划分按照《公路技术状况评定标准》的规定执行。

（2）沥青路面破损状况调查范围包含所有行车道和超车道，路面病害分车道以百米为单元统计。紧急停车带按路肩处理。

（3）沥青路面破损状况数据应采用人工徒步进行或能保证精度的自动化检测设备进行。

（4）检测频率为每年 2 次，宜分别在 3 月、9 月进行，有条件的可按季度检测。

2. 路面平整度检测

（1）路面平整度检测应采用激光平整度仪检测，应能在正常车流速度下采集路面平整度数据。

（2）路面平整度应检测全部行车道，必要时应检测超车道，每 100 延米记录 1 个检测结果。

（3）路面平整度检测频率为每年 2 次，宜分别在 3 月、9 月进行，有条件的可按季度检测。

3. 路面车辙检测

（1）路面车辙检测应采用激光车辙检测设备进行连续检测，应能在正常车流速度下

采集路面车辙数据。

(2)路面车辙检测应检测全部行车道,必要时应检测超车道。每 10 延米输出 1 个检测结果。

(3)路面车辙检测频率为每年 2 次,宜分别在 3 月、9 月进行。

4. 路面抗滑性能检测

(1)抗滑性能检测应采用横向力系数检测车(SCRIM)或其他自动化检测设备进行连续检测,应能以正常车流速度采集相关数据。

(2)路面抗滑性能应检测全部行车道,必要时应检测超车道,每 100 延米记录 1 个检测结果。

(3)抗滑性能检测频率不少于每 2 年 1 次,宜在 9 月进行。

5. 路基技术状况调查

(1)路基技术状况按路肩边沟不洁、路肩损坏、边坡坍塌、水毁冲沟、路基构造物损坏、路缘石缺损、路基沉陷、排水系统淤塞等类型分别调查统计,各种损坏类型的划分按照《公路技术状况评定标准》的规定执行。

(2)路基技术状况调查应采用人工徒步进行。

(3)路基技术状况调查检测频率为每年 2 次,宜分别在 3 月、9 月进行。

6. 桥隧构造物技术状况调查

(1)按照《公路桥涵养护规范》(JTG H11—2004)对桥梁上部结构、墩台与基础、支座、桥面铺装、伸缩缝、翼墙、锥坡、调治构造物、标志及附属设施进行调查评定,并综合评定桥梁技术状况等级。按照《公路隧道养护技术规范》(JTG H12—2003)评定隧道技术状况等级。按照《公路桥涵养护规范》(JTG H11—2004)评定涵洞技术状况等级。

(2)桥隧构造物技术状况调查应采用人工徒步进行,必要时应使用桥梁检测车。

(3)桥隧构造物技术状况调查频率为每 3 年不少于 1 次。

7. 沿线设施技术状况调查

(1)沿线设施技术状况按防护设施缺损、隔离栅损坏、标志缺损、标线缺损、绿化管护不善等类型分别调查统计,各种损坏类型的划分按照《公路技术状况评定标准》的规定执行。

(2)沿线设施技术状况调查应采用人工徒步进行。

(3)沿线设施技术状况调查频率为每年 2 次,宜分别在 3 月、9 月进行。

8. 路面结构强度检测

(1)路面结构强度应采用落锤式弯沉仪或连续式自动弯沉仪检测。

(2)路面结构强度一般只检测外侧行车道,弯沉检测数量应不小于 20 点/(车道 · 公里 · 方向)。

(3)弯沉检测频率为每 2 年 1 次,宜在 9 月进行。

三、高速公路技术状况评定

(1)公路技术状况评定以1 000m为基本评定单元,按上行方向(桩号递增方向)和下行方向(桩号递减方向)分别评定。

(2)按照《公路技术状况评定标准》的有关规定,根据调查检测资料,以1 000m为基本评定单元,分别计算路面损坏状况指数PCI、路面行驶质量指数RQI、路面车辙深度指数RDI、路面抗滑性能指数SRI、路面结构强度指数PSSI、路面使用性能指数PQI、路基技术状况指数SCI、桥隧构造物技术状况指数BCI、沿线设施技术状况指数TCI、公路技术状况指数MQI,并根据各项评分确定公路技术状况等级。

四、高速公路技术状况评定结果的应用

(1)应及时对高速公路技术状况调查检测数据和评定结果进行分析,根据评定结果提出养护对策,及时实施预养护,确保高速公路养护质量和服务水平。

(2)公路技术状况指数MQI应保持在85以上。分项指标PQI、SCI、BCI、TCI应保持在80以上。路面损坏状况指数PCI应保持在75以上,路面行驶质量指数RQI应保持在90以上,路面车辙深度指数RDI应保持在75以上,路面抗滑性能指数SRI应保持在75以上。

(3)当分项指标值PQI、SCI、BCI、TCI为75时,表示路面、路基、桥涵构造物和沿线设施处于中等状态,主要表现在乘车舒适性、行驶安全性的下降。此时,应抓住养护的关键时机,及时采取相应的养护维修措施,否则,将导致更多的养护费用。

(4)若同一指标在相邻的两次检评中变化明显,应分析查明原因,并采取相应的措施。

(5)高速公路技术状况评定的结果将作为对日常养护施工单位考核的重要依据。

附录二

护路员制度

1.上班时间

每天按7小时工作制进行考勤。

春秋季:上午7:00——11:00,下午2:30——5:30。

夏季:上午6:00——10:00,下午4:00——7:00。

冬季:上午8:00——12:00,下午2:00——5:00。

2.护路员着装

护路员着装统一由承包人配置,即春秋冬三季穿标志上衣、裤子,戴标志帽子;夏季穿标志背心,戴标志帽子。护路员统一佩戴胸卡,卡上附本人照片,标注姓名、管养路段、职责范围、工作内容等。

3.护路员管养里程

以整桩号为起点,每位保洁人员管养1~2km范围(包括双侧);互通匝道区每处1人。

4.工作内容

护路员工作以路面(应急车道)保洁为中心,对沿线设施的安全有看护的职责。

具体负责:路面清扫,护栏(路外侧)擦洗,路肩、边坡、护坡道、边沟、挡水埝、伸缩缝、泄水槽、桥面泄水孔的清理,绿化草丛看管(防止火烧)等。

5.考核与奖罚

(1)对护路员实行日检查月考核制度:每天根据《护路员考核细则》评分,每月根据日检查平均分值发放工资(每分相当于1元)。

(2)若连续3个月考核评比得满分的奖励50元。

(3)对于积极举报偷盗沿线设施行为的,经核实后每人每次奖励50~100元;如能追回将根据原物价值给予相应奖励。

(4)对于隔离栅、刺丝的看管情况,隔离栅每丢失一块罚款10元,刺丝每损坏一处罚款5元,如能及时追回将不予罚款。

(5)对于职责范围内沿线设施遭到严重偷盗或破坏的护路员,业主将对其从重处罚,或解聘处理。

附录三

桥梁养护工程师制度

一、高速公路经营管理单位和桥梁养护管理单位，应设置专职的桥梁养护工程师，并保持其人员的相对稳定。

桥梁养护工程师应具有三年以上从事桥梁养护管理工作经历，具有工程师及以上技术职称，并持有省级交通主管部门颁发的桥梁养护工程师资格证书。

二、负责组织桥梁经常检查与评定及桥梁定期检查与评定。根据检查结果编制并上报养护维修建议计划，提出须进行特殊检查的桥梁的申请报告，组织编制桥梁养护、维修、改建方案和对策措施。

三、主持桥梁的小修保养和抗灾抢险工作，考核桥梁养护质量，并及时上报辖区的桥梁受自然灾害和其他因素损坏的情况。

组织实施超重车辆通过的有关技术工作。

四、监督、组织桥梁养护大、中修和改建工程；组织并参与桥梁大、中修和改建工程的中间检查和交（竣）工验收。

五、负责所管辖桥梁技术档案的补充、完善和保密工作，定期对辖区内桥梁技术状况进行综合评价与分析。

负责桥梁管理系统的数据更新、系统维护、系统运行以及桥梁养护报告编写等工作。

六、桥梁养护工程师实行技术业务定期培训、再教育和考核制度。

七、各监理合同段和承包人需配置 1 名桥梁养护工程师（持有省级交通主管部门颁发的资格证书），配合业主桥梁工程师的工作。

第二章　高速公路养护标准化施工

第一节　沥青混凝土路面裂缝

一、裂缝类型

(1)纵向裂缝。

(2)横向裂缝。

二、裂缝分级

(1)轻度裂缝:缝细,缝壁无散落或有轻微散落,无支缝或有少量支缝,裂缝宽度在3mm以内。

(2)重度裂缝:缝宽,缝壁有散落,有支缝,裂缝宽度在3mm以上。

三、材料类型及适用范围

1. 常温黏稠型密封材料

包括硅酮、聚氨酯、聚硫胶等,主要适用于缝宽不大于2mm裂缝顶面的封闭。

2. 常温液态型密封材料

包括改性乳化沥青或以改性乳化沥青为基材的衍生品等,主要适用于缝宽不大于3mm裂缝的填隙。

3. 热熔型密封材料

包括改性沥青或以改性沥青为基材的衍生品(密封胶、橡胶沥青)等,主要适用于缝宽大于3mm裂缝的填隙。

4. 贴缝带

由2mm厚的聚合物防水膜涂在0.3mm厚的抗皱、抗重载型聚丙烯材料上,经严格工艺碾压复合在一起的防水性卷材,主要适用于缝宽不大于5mm的单条或多条裂缝顶面的封闭。

四、材料要求

1. 常温黏稠型密封材料

常温黏稠型密封材料技术要求见表2-1。

常温黏稠型密封材料技术要求　　表 2-1

评价指标	单　位	试验条件	技术要求	试验方法
表干时间	min	23℃ ±2℃,湿度 55% ±5%	≤80	GB/T 13477.3
固化速度	mm/24h	23℃ ±2℃,湿度 55% ±5%	≥3	GB/T 13477.3
低温拉伸	cm	5℃量测	≥5	T 0605—1993
下垂度	mm	20℃ ±3℃量测	≤1	GB/T 13477.3
与石料的黏附性	级	水煮法	5	T 0616—1993

2. 常温液态型密封材料

常温液态型密封材料技术要求见表 2-2。

常温液态型密封材料技术要求　　表 2-2

评价指标	单　位	试验条件	技术要求	试验方法
低温拉伸	cm	5℃时拉伸	≥20.0	T 0605—1993
针入度	0.1mm	25℃量测	40 ~ 80	T 0604—2000
软化点	℃		≥60.0	T 0606—2000
高温流淌值	mm	60℃恒温 2h	≤5	GB/T 16777—2008
弹性恢复	%	25℃量测	≥85	T 0662—2000
与石料的黏附性	级	水煮法	5	T 0616—1993

3. 热熔型密封材料

热熔型密封材料技术要求见表 2-3。

热熔型密封材料技术要求　　表 2-3

评价指标	单　位	试验条件	技术要求	试验方法
低温拉伸	cm	5℃时拉伸	≥30	T 0605—1993
针入度	0.1mm	25℃量测	30 ~ 90	T 0604—2000
软化点	℃		≥80	T 0606—2000
高温流淌值	mm	60℃在烘箱中恒温 2h	≤5	GB/T 16777—2008
弹性恢复	%	25℃量测	≥85	T 0662—2000
与石料的黏附性	级	水煮法	5	T 0616—1993

4. 贴缝带

贴缝带技术要求见表 2-4。

贴封带技术要求　　表 2-4

评价指标	单　位	试验条件	技术要求	试验方法
高温流淌值	mm	60℃在烘箱中恒温 2h	流淌≤2	GB/T 16777—2008
耐轮碾性	mm	25℃时胶轮碾压 500 次	厚度≥1	T 0719—1993
厚度	mm	20℃ ±3℃量测	2.3 ±0.2	GB 18242—2008
黏结性能	mm	20℃ ±3℃量测	下垂≤30	GB/T 18833—2002
抗拉强度	kN	50mm 宽样品、20℃ ±3℃量测	≥0.6	GB 18242—2008
拉伸应变	%	20℃ ±3℃量测	≥4	GB 18242—2008
低温柔性		−20℃做弯曲试验	无裂痕	GB 18242—2008

五、基层要求

(1)基层承载力应满足规范要求。

(2)当刚柔复合路面相邻板间弯沉差不满足规范要求,或出现脱空、沉陷、错台、唧泥等现象时,应采用合适的注浆措施进行处治。

(3)当沥青路面基层承载力不满足规范要求或出现沉陷、翻浆、壅包、车辙、3mm 以上裂缝等现象时,应采取合适的处治措施对基层进行补强。

六、天气要求

(1)气温应满足材料说明书的要求(一般需在5℃以上)。

(2)不得在雨天施工。

(3)路表或裂缝处潮湿时,不宜进行裂缝处治。

七、人员要求

保通人员 2 名(含兼职驾驶员 1 名)、施工人员 3 名,其中包括技术员 1 名,安全员 1 名。

八、设备要求

1. 常规封(灌)缝

(1)钢丝刷 2 个。

(2)工业吸尘器 1 台或森林灭火器 1 个。

(3)液化气热气喷枪 1 套。

(4)注射枪 1 支:适用于常温黏稠型材料封缝。

(5)常温灌缝机 1 台:适用于常温液态型材料灌缝。

(6)热熔灌缝机 1 台:适用于热熔型材料灌缝。

(7)灰刀 2 把,扫帚 1 把,垃圾桶 1 个。

(8)小型发电机 1 台。

(9)客货车 1 辆。

(10)安全保通设施 1 套。

2. 开槽灌缝

(1)专业开槽机 1 台。

(2)专业清缝机 1 台。

(3)工业吸尘器 1 台或森林灭火器 1 个。

(4)液化气热气喷枪 1 套。

(5)热熔灌缝机 1 台。

(6)灰刀 2 把,扫帚 1 把,垃圾桶 1 个。

(7)小型发电机 1 台。

(8)客货车 1 辆。

(9)安全保通设施 1 套。

3. 贴缝带封缝

(1)电动钢丝刷 1 台或普通钢丝刷 2 个。

(2)工业吸尘器 1 台或森林灭火器 1 个。

(3)液化气热气喷枪 1 套。

(4)质量为 20kg 的铁制推辊 1 根。

(5)扫帚 1 把,垃圾桶 1 个。

(6)小型发电机 1 台。

(7)客货车 1 辆。

(8)安全保通设施 1 套。

九、施工工艺

1. 工艺流程

(1)常规封(灌)缝

封闭交通—清缝—加热—封(灌)缝—养生—清洁—开放交通。

(2)开槽灌缝

封闭交通—开槽—清缝—加热—灌缝—养生—清洁—开放交通。

(3)贴缝带封缝

封闭交通—清缝—裁剪—涂刷黏结剂—加热、粘贴—清洁—开放交通。

2. 施工工序

(1)常规封(灌)缝施工

①封闭交通

按《公路养护安全作业规程》(JTG H30—2004)中的要求设置控制区。

②清缝

a. 用钢丝刷清除裂缝表面的污物和缝边缘的松散物。

b. 使用工业吸尘器将缝内杂物吸出,或使用森林灭火器将缝内杂物吹净。

③加热

液化气热气喷枪与路面保持 10cm 的距离,对缝壁进行均匀加热。

④封(灌)缝

a. 常温黏稠型密封材料封缝:注射枪将密封材料封闭于裂缝顶面,外观应均匀、平整、宽窄一致。

b. 常温液态型密封材料灌缝:常温灌缝机沿裂缝一端向另一端灌注,外观要求饱满、无气泡、均匀、平整、无流淌。

c.热熔型密封材料灌缝:热熔灌缝机沿裂缝一端向另一端灌注,外观要求饱满、无气泡、均匀、平整、无流淌。

d.密封时,如外观不平整或有多余密封材料,宜用灰刀进行修整。

e.对于宽度不小于5mm的裂缝,可根据实际情况适当添加洁净的中粗砂或石屑。

⑤养生

按密封材料使用说明书的时间要求进行养生。

⑥清洁

用扫帚将施工现场的灰尘、散落物清理干净,杂物放入垃圾筒中。

⑦开放交通

养生期满,按照《公路养护安全作业规程》(JTG H30—2004)中的要求,人员、设备、标志、标牌按顺序安全撤离施工现场。

(2)开槽灌缝

①封闭交通

按《公路养护安全作业规程》(JTG H30—2004)中的要求设置控制区。

②开槽

a.开槽机沿裂缝中心线从一端向另一端匀速行进,注意不要使缝壁产生过量的破碎。

b.开槽以宽度12.7~15mm、深度15~20mm为宜。

③清缝

a.用清缝机由缝的一端向另一端清理,施工时注意不要人为损伤槽壁。

b.使用工业吸尘器将缝内杂物吸出,或使用森林灭火器将缝内杂物吹净。

④加热

液化气热气喷枪与路面保持10cm的距离,对缝壁进行均匀加热。

⑤灌缝

a.用热熔灌缝机将加热到适用温度的密封材料沿槽口由一端向另一端均匀注入槽内。

b.如密封材料顶部高于路表,宜用灰刀进行修整。

c.外观要求饱满、无气泡、均匀、平整、无流淌。

⑥养生

按密封材料使用说明书的时间要求进行养生。

⑦清洁

用扫帚将施工现场的灰尘、散落物清理干净,杂物放入垃圾筒中。

⑧开放交通

养生期满,按照《公路养护安全作业规程》(JTG H30—2004)中的要求,人员、设备、标志、标牌按顺序安全撤离施工现场。

(3)贴缝带封缝

①封闭交通

按《公路养护安全作业规程》(JTG H30—2004)中的要求设置控制区。

②清缝

a. 用电动钢丝刷或普通钢丝刷由缝的一端向另一端清除裂缝表面的污物和缝边缘的松散物。

b. 使用工业吸尘器将缝内杂物吸出,或使用森林灭火器将缝内杂物吹净。

③裁剪

a. 根据需要,裁剪贴缝带。

b. 裁剪尺寸标准为:长度 = 缝长 +2 ×15cm,宽度 = 缝宽 +2 ×5cm。

④涂刷黏结剂

a. 使用贴缝带说明书要求的黏结剂。

b. 涂刷由缝的一端向另一端进行,注意涂刷均匀,不得漏涂或多涂。

⑤加热、粘贴

a. 揭去贴缝带保护膜,将高黏结材料层朝下对准裂缝。

b. 气温低于 15℃时,用热气喷枪对高黏结材料层进行均匀加热,不得流淌。

c. 将加热后的贴缝带由缝的一端向另一端粘贴。

d. 使用推辊由贴缝带的一端向另一端滚压 2 ~3 遍,保证平整、无气鼓。

⑥清洁

用扫帚将施工现场的灰尘、散落物清理干净,杂物放入垃圾筒中。

⑦开放交通

养生期满,按《公路养护安全作业规程》(JTG H30—2004)中的要求,人员、设备、标志、标牌按顺序安全撤离施工现场。

十、质量控制

1. 原材料

(1)出厂检验:生产厂家的检验报告、使用说明书。

(2)承包人自检:1 次/批。

(3)监理工程师抽检:不低于自检的 20%。

2. 工序

(1)承包人自检:100%。

(2)监理工程师抽检:100%。

3. 检查验收

(1)试验路段:渗水系数自检频率为裂缝总数量的 80%,抽检频率为裂缝总数量的 20%。

(2)交工验收:渗水系数检验频率(除贴缝带封缝外)为不低于裂缝总数量的5%,合格率不低于90%。

十一、常见问题及解决方法

1.密封材料不能黏附在裂缝上

(1)裂缝未清理干净:重新清理。

(2)裂缝处潮湿:待其干燥或用热气喷枪吹干。

(3)热熔型密封材料温度低:检查温度表,加热到合适温度。

(4)环境温度低:待气温升高或用热气喷枪加热。

2.冬季密封材料开裂或黏性不足

(1)密封材料较硬:用低温延性较好的密封材料。

(2)灌注时清洁不干净:加强清洁。

3.开放交通后密封材料被车轮带出

(1)封缝后开放交通较早:延迟开放时间。

(2)裂缝没有清净或干燥:重新清净或干燥。

(3)环境温度高:在合适温度封缝。

(4)灌注密封材料多:刮除多余材料。

(5)密封材料较软:使用硬度较高的密封材料。

(6)过热或欠热的密封材料:检查温度表,在合适温度密封。

(7)密封材料受溶剂污染:将污染物清净。

(8)采用减黏剂或吸油集料减小初始黏度。

4.热熔型密封材料在热融器中凝固

(1)密封材料烧糊:检查热熔灌缝机的温度表。

(2)密封材料重复加热次数太多:更换密封材料。

(3)装密封材料的容器不耐用:更换容器。

5.在沥青混凝土路面上产生颠簸

(1)在路表使用了过量的密封材料:刮除多余材料。

(2)使用减黏剂或吸油集料,减少密封材料在路面上的黏附。

第二节　水泥混凝土路面接缝

一、接缝类型

(1)纵缝:缩缝、施工缝。

(2)横缝:缩缝、施工缝。

二、材料类型

1. 常温黏稠型密封材料

包括聚氨酯、聚硫胶等。

2. 热熔型密封材料

包括改性沥青或以改性沥青为基材的衍生品(密封胶、橡胶沥青)等。

三、材料要求

(1)常温黏稠型密封材料

参见本手册第一章相关要求。

(2)热熔型密封材料

参见本手册第一章相关要求。

四、天气要求

(1)气温应满足密封材料说明书的要求(一般需在5℃以上)。

(2)不得在雨天施工。

(3)路表或裂缝处潮湿时,不宜进行裂缝处治。

五、人员要求

保通人员2名(含兼职驾驶员1名)、施工人员3人,其中包括技术员1名,安全员1名。

六、设备要求

(1)切缝机1台:配有防尘罩。

(2)扁头铁钩2个。

(3)空压机1台或森林灭火器1个。

(4)灰刀2把,扫帚1个,垃圾桶1个。

(5)常温灌缝机1台或灌注壶2个:适用于常温黏稠型密封材料。

(6)热熔灌缝机1台:适用于热熔型密封材料。

(7)小型发电机1台。

(8)客货车1辆。

(9)安全保通设施1套。

七、施工工艺

1. 工艺流程

封闭交通—切缝—清缝—灌缝—养生—清洁—开放交通。

2. 施工工序

(1)封闭交通

按《公路养护安全作业规程》(JTG H30—2004)中的要求设置控制区。

(2)切缝

使用切缝机顺原裂缝切开,将原缝内旧填缝料破碎,露出混凝土界面。

(3)清缝

①用扁头铁钩将缝内旧填料清除。

②使用空压机或森林灭火器将缝内杂物吹净。

(4)灌缝

①常温黏稠型密封材料灌缝

a. 使用常温灌缝机或灌注壶沿裂缝一端向另一端灌注。

b. 用灰刀将高于路表的多余填缝料铲除。

c. 外观要求饱满、无气泡、均匀、平整、无流淌。

②热熔型密封材料灌缝

a. 使用热熔灌缝机沿裂缝一端向另一端灌注。

b. 用灰刀将高于路表的多余填缝料铲除。

c. 外观要求饱满、无气泡、均匀、平整、无流淌。

(5)养生

①常温黏稠型密封材料无须养生。

②热熔型密封材料需要冷却至常温。

(6)清洁

用扫帚将施工现场的灰尘、散落物清理干净,杂物放入垃圾筒中。

(7)开放交通

按《公路养护安全作业规程》(JTG H30—2004)中的要求,人员、设备、标志、标牌按顺序安全撤离施工现场。

八、混凝土板裂缝的维修

1. 单块板破裂为3块及以下的裂缝

可参照"封闭交通—(切缝)—清缝—灌缝—养生—清洁—开放交通"的工艺进行维修。

(1)缝宽不大于3mm的裂缝

①宜根据缝宽选用常温液态、常温黏稠型(聚氨酯)或环氧类密封材料。

②如需要扩缝,宜采用手动切割机进行切缝,宽度适度,深度为1cm。

(2)缝宽3~5mm的裂缝

宜根据缝宽选用常温黏稠型(聚氨酯)或热熔型密封材料。

(3)缝宽大于5mm的裂缝

密封材料宜选用热熔型密封材料。

2. 单块板破裂为3块以上的裂缝

不宜进行裂缝维修,宜按破碎板进行维修。

九、质量控制

1. 原材料

(1)出厂检验:生产厂家的检验报告、使用说明书。

(2)承包人自检:1次/批。

(3)监理工程师抽检:不低于自检的20%。

2. 工序

(1)承包人自检:100%。

(2)监理工程师抽检:100%。

3. 检查验收

(1)试验路段:渗水系数自检频率为接缝总数量的80%,抽检频率为接缝总数量的20%。

(2)交工验收:渗水系数检验频率为不低于接缝总数量的5%,合格率不低于90%。

十、常见问题及解决方案

1. 灌缝材料不能黏附在接缝上

(1)接缝未彻底清净:重新清理。

(2)热熔密封材料温度低:检查温度表,加热到合适温度。

(3)环境温度低:待气温升高或采用热气喷枪加热。

2. 开放交通时灌缝材料被车轮带出

(1)热熔型密封材料灌缝后开放交通太早:延迟开放。

(2)环境温度太高:选择合适的气温灌缝。

(3)灌注灌缝材料较多:刮除多余材料。

(4)灌缝材料较软:使用较硬的材料。

(5)采用减黏剂或吸油集料减小初始黏度。

(6)过热或欠热的灌缝材料:检查温度表,在合适温度灌注。

(7)灌缝材料受溶剂污染:将污染物清除。

(8)接缝被旧的不合适的灌缝材料污染:清除旧的填缝材料。

3. 热熔型密封材料在热熔灌缝机中凝结成块

(1)灌缝材料过热:检查温度表。

(2)灌缝材料被反复加热:更换灌缝材料。

(3)装灌缝材料的容器不耐用:更换容器。

4. 冬季灌缝材料开裂或黏性不足

(1)灌缝材料较硬:使用低温延性较好的灌缝材料。

(2)灌注时清洁不干净:加强清洁。

(3)夏季高温时灌缝:选择合适气温时灌缝。

(4)接缝狭小,不利于密封胶流动:应适当扩宽接缝。

5. 常温密封材料没有成型

(1)密封材料过期:使用合格的密封材料。

(2)两种成分密封材料混合比例不正确:调整合适比例和混合系统。

第三节　沥青混凝土路面坑槽

一、坑槽分类

1. 按破损程度分类

(1)轻度坑槽:坑浅(深度不大于25mm),有效坑槽面积在0.1m^2 以内(约0.3m×0.3m)。

(2)重度坑槽:坑深(深度大于25mm),有效坑槽面积大于0.1m^2(约0.3m×0.3m)。

2. 按破损位置及成因分类

(1)因表面层损坏产生的坑槽。

(2)因中、下面层或基层损坏造成的坑槽。

(3)刚性组合式路面(含桥面)产生的坑槽。

二、维修方式

1. 冷补坑槽

采用冷拌改性沥青混合料进行修补。

2. 热补坑槽

采用热拌改性沥青混合料进行修补。

3. 微波热再生修补坑槽

(1)利用微波原理对坑槽进行加热,同步加热新的改性沥青混合料对坑槽进行修补。

(2)该方法同样适用于最大面积不超过8m^2 的龟裂、块裂、松散、沉陷、壅包等沥青路面病害的修补。

三、材料要求

1. 热拌改性沥青混合料

指现场集中厂拌的热用改性沥青混合料。

原材料、混合料技术要求应满足《公路沥青路面施工技术规范》(JTG F40—2004)中的相关要求。

2. 预拌冷补改性沥青混合料

指预先集中厂拌的常温使用的改性沥青混合料。

原材料应满足《公路沥青路面施工技术规范》(JTG F40—2004)中的相关要求。

混合料质量应满足表2-5的要求。

冷补改性沥青混合料技术要求　　表2-5

评价指标	单位	试验方法	技术要求	试验标准
石料与沥青的黏附性	级	水煮法	5	T 0616—1993
马氏试件空隙率	%	在15℃时制成马歇尔试件,双面各击实50次,放入温度为110℃的烘箱中养生24h,然后双面各击实25次,冷却至室温后脱模,测密度,放入温度为60℃的恒温水槽,水浸30min后,做稳定度试验	3~6	T 0702—2000
使用稳定度	kN		≥5	T 0709—2000
飞散损失	%	在15℃时制成马歇尔试件,双面各击实5次后脱模、称质量,将试件竖立放入直径300mm、筛孔26.5mm的筛中,盖上筛盖,将筛立放在桌面上以每秒约1次的频率前后滚动20次。将筛平放,取出试件中的最大块称质量,计算飞散损失	≤40	
动稳定度	次/mm	在15℃时初步制成车辙试件,放入温度为130℃的烘箱养生24h,然后再次用成型机最终压实。其余操作步骤参考热拌沥青混合料	≥1 000	T 0719—1993

四、基层要求

(1)基层承载力应满足规范要求。

(2)当基层承载力不满足规范要求或出现沉陷、翻浆、壅包、车辙、3mm以上裂缝等现象时,应采用合适的处治措施对基层进行补强。

五、天气要求

(1)气温10℃以下不宜进行施工(热补坑槽)。

(2)不得在雨天施工(热补坑槽、微波热再生修补坑槽)。

六、人员要求

保通人员3名(含兼职驾驶员2名)、施工人员3人,其中包括技术员1名,安全员1名。

七、设备要求

1. 冷补与热补坑槽

(1)十字镐1个或液压镐1个。

(2)钢丝刷1个,手锤(5磅)1个,钢钎1个,铁锹1把。

(3)森林灭火器1个,扫帚1个,垃圾桶1个。

(4)液化气热气喷枪1套。

(5)黏层材料加热器或热熔灌缝机1台。

(6)铁制容器1个,刷子1把。

(7)平板振动夯1台或高频振动夯1台或手扶双钢轮振动压路机1台。

(8)保温车1辆(热补坑槽)。

(9)小型发电机1台。

(10)客货车1辆。

(11)安全保通设施1套。

2. 微波热再生修补坑槽

(1)微波热再生车1台。

(2)单钢轮手推式压路机1台(车载)。

(3)客货车1辆。

(4)辅助工具:铁锹、推平板、过料筛、保温桶、扫帚、垃圾桶各1个。

(5)安全保通设施1套。

八、施工工艺

1. 工艺流程

(1)冷补与热补坑槽

封闭交通—确定范围—开挖、清洁—加热—喷洒(涂刷)黏层—摊铺—压实—清洁—开放交通。

(2)微波热再生修补坑槽

封闭交通—清洁—加热—翻松、掺新料—喷洒再生剂、拌和、摊铺—压实—清洁—养生、开放交通。

2. 冷补与热补坑槽施工工序

1)封闭交通

按《公路养护安全作业规程》(JTG H30—2004)中的要求设置控制区。

2)确定范围

(1)根据路面病害位置和坑槽大小,沿坑槽边缘标出准备修补的边界。

(2)遵循“方坑方补、圆坑圆补”的原则,不扩大坑槽面积。

3)开挖、清洁

(1)用十字镐、钢钎或液压镐把坑槽四周的松动部分凿除。

(2)避免破坏原有完好路面结构,严禁小坑大挖。

(3)观察中面层是否损坏,如损坏将之凿除;下面层若损坏,则需凿除到基层顶面。

(4)坑槽开挖后,用钢丝刷清除槽底、侧壁松散物。

(5)清除坑槽内松散物和路表杂物,用森林灭火器将槽底、侧壁吹干净。

4)加热

用热气喷枪对槽底、侧壁均匀加热。

5)喷洒(涂刷)黏层

向槽底、侧壁均匀喷洒2~3mm厚改性乳化沥青或涂刷热改性沥青、界面剂。

6)摊铺

(1)热拌改性沥青混合料

①将热拌沥青混合料倒入坑槽内用铁锹整平,混合料的温度不低于140℃,松铺系数为1.3~1.4。

②混合料应首先摊入槽壁四周,由两边向中间摊铺,整平过程中应避免集料离析。

③对深度大于7cm的坑槽要分2~3层分别摊铺、压实(宜使用高频振动夯,对较小坑槽宜使用人工手锤夯实)。

④混合料宜采用AC-16C型。

(2)预拌冷补改性沥青混合料

①向槽内填入冷补料,用铁锹整平,松铺系数约为1.5。

②如坑槽深度大于7cm,应分层摊铺、压实。上层宜采用LB-13型,下层宜采用LB-16型。

③冬季施工宜用热气喷枪把冷补料均匀加热至和易状态。

7)压实

(1)热拌改性沥青混合料

①采用平板振动夯或高频振动夯或手扶双钢轮振动压路机压实。

②振动压路机操作注意事项:

a.根据混合料的硬度和层厚选择振幅和频率。

b.高频压实最小厚度为3.0cm。

c.当层厚小于3.0cm时,采用静碾模式。

③当坑槽深度大于7cm时,应分层摊铺,分层压实。下层可采用平板振动夯或高频振动夯或手锤进行夯实,经喷洒(涂刷)黏层后再摊铺上层。

④初压温度应不低于120℃,终压温度应不低于90℃。

(2)预拌冷补改性沥青混合料

①采用平板振动夯进行振压,初振1遍后,需要将挤出坑槽的多余材料铲除,用手锤

对接缝周边进行敲夯、修整。

②坑槽深度在5~7cm之间,应振压6~8遍。

③坑槽深度大于7cm时,应分层摊铺、压实。下层用平板振动夯或手锤夯实,涂刷黏层后进行上层摊铺、压实。

8)清洁

用扫帚将施工现场的灰尘、散落物清理干净,杂物放入垃圾筒中。

9)开放交通

路表温度低于50℃后,按《公路养护安全作业规程》(JTG H30—2004)中的要求,人员、设备、标志、标牌按顺序安全撤离施工现场。

3.微波热再生修补坑槽施工工序

(1)封闭交通

按《公路养护安全作业规程》(JTG H30—2004)中的要求设置控制区。

(2)清洁

用扫帚将路表清洁干净,杂物放入垃圾筒中。

(3)加热

①根据路面病害情况,画出处理范围,其形状为规则的矩形。

②将适量的新沥青混合料均匀平铺于待加热区域内,与路面一同加热,确保新料和路面加热充分(加热温度在140~170℃之间)。

③原路面加热宽度每边应超出处治区域10cm。

(4)翻松、掺新料

①把事先摊铺好的新混合料收集,放入保温桶内。

②用铁锹均匀翻松,并将污染的混合料剔除。

③计算掺入新料使用数量,掺入新料。

(5)喷洒再生剂、拌和、摊铺

①根据现场气温条件和旧路面沥青的含量,均匀喷洒改性乳化沥青,喷洒量一般为0.4~0.6kg/m^2。

②将再生沥青混合料翻拌均匀,松铺系数一般为1.4。

③收集多余混合料,清理大颗粒粒料,边缝处用筛网撒布些细料。

④用铁锹初步摊铺、平整,用推平板进行最终平整。

⑤摊铺温度夏季不低于130℃,冬季不低于110℃。

(6)压实

①碾压温度不低于110℃。

②碾压按静压—振动—静压方式进行,匀速通过处治试验路段,确定压路机的合理压实遍数。

③终压温度不低于70℃。

(7)清洁

用扫帚将施工现场的灰尘、散落物清理干净,杂物放入垃圾筒中。

(8)养生、开放交通

待修补面路表温度低于50℃后,按《公路养护安全作业规程》(JTG H30—2004)中的要求,人员、设备、标志、标牌按顺序安全撤离施工现场。

九、质量控制

1. 原材料、混合料

(1)出厂检验:生产厂家的检验报告、使用说明书。

(2)承包人自检:1次/批。

(3)监理工程师抽检:不低于自检的20%。

2. 工序

(1)承包人自检:100%。

(2)监理工程师抽检:100%。

3. 检查验收

(1)试验路段:压实度、平整度、渗水系数自检频率为坑槽总数量的80%,抽检频率为坑槽总数量的20%。

(2)交工验收:平整度、渗水系数检验频率不低于坑槽总数量的5%,合格率不低于90%。

十、热拌改性沥青混合料常见问题及解决方法

1. 混合料温度太低

(1)出厂温度不足:需要调整。

(2)现场温度不足:检查保温车保温效果,加快施工速度。

2. 混合料中有花白料

(1)集料中可能含有水分:需要减少产料速度。

(2)加热滚筒中可能出现磨损或掉壁:及时修补。

(3)混合料拌和时间太短:延长拌和时间。

3. 混合料离析

(1)当保温车从储料仓装料时,不能单次而要多次放料。

(2)向坑槽摊铺时,应均匀、缓慢。

4. 现场密度不足

(1)集料级配已超出目标级配值范围,应及时调整配合比。

(2)沥青含量可能太低,增加沥青用量。

(3)压路机的类型或振动压路机的频率和振幅,需要及时调整。

第四节　雾　封　层

一、适用范围

(1)路表面渗水。

(2)路面贫油。

(3)有微细裂缝的路段。

二、材料要求

雾封层采用PCR喷洒型改性乳化沥青,应满足《公路沥青路面施工技术规范》(JTG F40—2004)中的相关技术要求。

三、路面要求

(1)路表应清洁、干燥。

(2)路面破损已经修复。

四、天气要求

(1)气温在10℃以下不得施工。

(2)不得在雨天施工。

(3)避免大风天气施工。

五、人员要求

(1)项目经理1名。

(2)技术负责人1名。

(3)质检工程师1名。

(4)试验检测工程师1名。

(5)施工队长1名。

(6)洒布人员2名。

(7)料场负责人1名。

(8)安全员1名。

(9)保通人员4名。

(10)车辆驾驶员5名。

(11)清洁、标线覆盖人员8名。

六、设备要求

(1)路面清扫车1辆,森林灭火器4个。

(2)全自动沥青洒布车1辆。

(3)沥青罐车1辆。

(4)自卸车2辆。

(5)沥青存储罐1个。

(6)原材料试验及现场检测设备1套。

(7)安全保通设施1套。

七、施工工艺

1. 工艺流程

封闭交通—清洁—人工局部预洒—机械洒布—养生—清洁—开放交通。

2. 施工前的准备

(1)路况调查

路面结构类型、长度、病害数量与类型。

(2)路面检测

①正式施工前,必须对施工路段的所有病害进行一次细致的调查。

②对路面的渗水系数和路面摩擦系数或构造深度进行检测,平均1处/200m,特殊部位加密测点。

(3)施工准备

①路表准备

a. 路面干燥。

b. 所有的路面病害已经处治完毕。

c. 原路面的排水系统检查完毕。

②洒布量的确定

洒布量的确定主要根据原路面的渗水状况及其粗糙程度确定,做到无积油、不流淌。影响路面雾封层洒布量的因素有:通车年限、路面类型、构造深度、渗水系数。

(4)设备标定

通常在以下三种情况下需要对洒布车的计量控制系统进行标定:

①新设备第一次使用前。

②每年第一次使用前。

③每次施工前。

(5)材料检验

对PCR喷洒型改性乳化沥青进行质量检验,确保技术指标满足《公路沥青路面施工技术规范》(JTG F40—2004)中的相关要求。

3.施工工序

(1)封闭交通

按《公路养护安全作业规程》(JTG H30—2004)中的要求设置控制区。

(2)清洁

用森林灭火器配合清扫车将路表杂物清除干净。

(3)人工局部预洒

①根据路面的调查情况,在空隙率较大的部位先进行人工初洒,外观应均匀、无流淌。

②空气中自然养生至改性乳化沥青完全破乳,表面干燥,不黏轮胎。

(4)机械洒布

①对路缘石、路面标线采取保护措施,防止污染。

②洒布的起点、终点要铺设油毡或塑料布来确定施工边界。

③沥青洒布车的行进速度要与喷洒速度匹配,避免中间停顿。

④洒布车喷洒完一个车道后,立即用油槽接住排油管滴下的材料。

⑤洒布后的外观要整齐、均匀,无条纹、积油现象。

⑥出现异常时,应立刻停止,并进行检查、调整。

(5)养生

①空气中自然养生。

②养生期满的标准为改性乳化沥青完全破乳,表面干燥,不黏轮胎。

(6)清洁

①清除路缘石、标线的覆盖物。

②清除起点、终点铺设的油毡或塑料布。

③用森林灭火器配合清洁车将路面杂物清除干净。

(7)开放交通

养生期满,按《公路养护安全作业规程》(JTG H30—2004)中的要求,人员、设备、标志、标牌按顺序安全撤离施工现场。

八、质量控制

1.原材料

(1)承包人自检:1次/批。

(2)监理工程师抽检:不低于自检的20%。

2.工序检验

(1)承包人自检:100%。

(2)监理工程师抽检:100%。

3. 施工中质量检验

(1)承包人自检:符合表 2-6 的规定。

(2)监理工程师抽检:不低于自检的 20%。

施工中质量检验要求　　表 2-6

项　　目	要求或允许误差	检 测 频 率	检 验 方 法
洒布量	符合设计要求	次/5 000m^2	托盘法
洒布宽度	符合设计要求	5 个断面/200m	尺量

4. 检验评定

工程完工后,全段以 1 ~ 3km 作为一个评价路段进行质量检验与评定。

(1)承包人自检与评定:符合表 2-7 的规定。

质 量 检 验 要 求　　表 2-7

项　　目		质量要求	检测频率	方　　法
表观状况		无漏洒、积油	全线连续	目测
摆值 Fb(BPN)		≥45	5 个点/km	T 0964—2008
构造深度(TD)	500 ~ 1 000mm	≥0.50	5 个点/km	T 0961—1995
渗水系数		≤300mL	5 个点/km	T 0971—2008

(2)监理工程师抽检与评定:不低于自检的 20%。

5. 交工验收

按自检的 5% ~ 10% 频率检查验收,摆值、渗水系数合格率不低于 90%,其余指标合格率不低于 75%。

九、常见问题及解决的方法

1. 乳化沥青过量喷溅

(1)检查雾封层材料的稀释比例。

(2)检查洒布杆设置是否正确。

(3)检查喷洒压力。

2. 雾封层材料洒布不均匀,出现条纹

(1)检查气温是否适合雾封层施工。

(2)检查材料的黏度是否满足要求。

(3)检查所有喷嘴是否处于相同角度以及是否堵塞。

(4)检查洒布杆的高度和洒布压力。

3. 发生泛油

检查乳化沥青洒布量是否正确。

第五节　微　表　处

一、适用范围

1. MS-3 型微表处

适用于交通量较大的高速公路的罩面和车辙填充。

2. MS-2 型微表处

适用于交通量较小的高速公路罩面。

二、材料要求

1. 改性乳化沥青

(1)必须选用阳离子型聚合物改性乳化沥青。

(2)改性剂剂量(改性剂有效成分占纯沥青的质量百分比)不宜小于3%。

(3)符合《微表处和稀浆封层技术指南》表3.1.1中BCR型的相关要求。

2. 集料

矿料可以采用:

(1)不同规格的粗细集料、矿粉等掺配而成。

(2)大粒径的块石、卵石经多级破碎而成。

(3)质量符合《微表处和稀浆封层技术指南》表3.2.2中规定的相关要求。

(4)矿料的级配范围应满足《微表处和稀浆封层技术指南》表3.2.3的规定。

3. 填料

(1)微表处矿料中可以掺加矿粉、水泥、消石灰等填料。

(2)填料应干燥、疏松、无结团,并应符合《公路沥青路面施工技术规范》(JTG F40—2004)中的相关要求。

(3)填料的掺加量必须通过混合料设计试验确定。

4. 添加剂

(1)常用的添加剂包括无机盐类添加剂、有机类添加剂等。

(2)对于阳离子乳化沥青混合料,无机盐类添加剂一般会延长可拌和时间,延缓成型。

(3)未经试验验证的添加剂不得在施工中采用。

5. 水

不得含有有害的可溶性盐类、能引起化学反应的物质和其他污染物,一般采用可饮用水。

三、混合料要求

微表处混合料的技术要求应满足《微表处和稀浆封层技术指南》表4.1.6的规定。

四、天气要求

(1)气温在10℃以下不宜进行施工。
(2)不得在雨天施工。

五、人员要求

(1)项目经理1名。
(2)技术负责人1名。
(3)质检工程师1名。
(4)试验检测工程师2名。
(5)测量工程师1名。
(4)施工队长1名。
(5)摊铺人员6名:1名驾驶员,1名操作员,2名跟车配合人员,2名处理接缝人员。
(6)车辆驾驶员8名。
(7)料场负责人1名。
(8)安全员1名。
(9)保通人员4名。
(10)清洁人员4名。

六、设备要求

(1)路面清扫车1辆,森林灭火器4个。
(2)微表处摊铺车1辆。
(3)沥青罐车1辆。
(4)沥青存储罐1个。
(5)6~8t胶轮压路机1台。
(6)碎石筛分机1台。
(7)装载机1辆。
(8)自卸车3辆。
(9)橡胶耙2个。
(10)工具车1辆。
(11)原材料、混合料试验及现场检测设备1套。
(12)水准仪1台。

(13)安全保通设施1套。

七、施工工艺

1. 工艺流程

封闭交通—清洁—施画导线—摊铺、修整—碾压—养生—清洁—开放交通。

2. 施工准备

(1)路面检测

微表处施工前,应对原路面进行检测。

(2)原路面要求

①原路面必须有足够的承载力。

原路面局部承载力不足时,必须根据具体情况选择合适的方法进行补强。

②原路面有车辙时,分以下四种情况进行处理:

a. 原路面15mm以下的车辙,可直接进行微表处罩面。

b. 深度在15~25mm的车辙,应首先进行微表处车辙填充,然后再进行微表处罩面,也可采用双层微表处。

c. 深度在25~40mm的车辙,应先采用多层微表处车辙填充。

d. 深度在40mm以上的车辙,不宜采用微表处车辙填充处理。

③原路面宽度大于5mm的裂缝应进行灌缝处理。

④原路面局部破损(如坑槽、松散等)应彻底挖补。

⑤原路面的壅包等隆起型病害应事先进行处理。

(3)施工配合比

微表处的配合比设计按下列步骤进行。

①根据选择的级配类型的级配范围,计算各种集料的配合比例。

②根据经验初选各种材料的用量,进行拌和试验和黏聚力试验。

a. 可拌和时间试验的试验温度应考虑最高施工温度。

b. 黏聚力试验的试验温度应考虑施工中可能遇到的最低温度。

③根据上述试验结果和稀浆混合料的外观状态,选择三个左右认为合理的混合料配合比,按微表处混合料技术要求规定试验混合料的性能。如不符合要求,适当调整各种材料的配合比例。

④通过混合料设计,提出混合料设计报告,报告的内容应包括:

a. 乳化沥青技术指标。

b. 集料技术指标、矿料配合比和矿料设计级配。

c. 稀浆混合料配合比和技术指标。

(4)摊铺机标定

通常在以下四种情况下需要对机械的计量控制系统进行标定:

①新机械第一次使用前。

②每年第一次使用前。

③每次施工前。

④原材料改变和配合比发生较大变化时。

(5)铺筑试验路

开工前选择合适路段摊铺长度不小于200m的试验路来确定施工工艺。

根据试验路的摊铺情况,在设计配合比的基础上作小范围调整,确定施工配合比。调整过程应注意以下四点:

①施工配合比的油石比不应超出设计油石比的范围。

②施工配合比的矿料级配不应超出相应的级配范围,且以设计级配为基准,要求各筛孔通过率不超过允许波动范围。

③施工配合比的油石比或者矿料级配的调整幅度超出上述规定时,必须重新进行混合料设计。

④确定的施工配合比和施工工艺经监理或者业主认可后,作为正式施工依据,不得随意更改;必须更改时,应得到监理或者业主认可。

3.施工工序

(1)封闭交通

按《公路养护安全作业规程》(JTG H30—2004)中的要求设置控制区。

(2)清洁

用森林灭火器配合清扫车将路表杂物清除干净。

(3)施画导线

①在路面画纵向控制导线,确定洒布宽度;当有路缘石、车道线作为参照物时,可不画导线。

②起点、终点要粘贴顺直的60cm宽油毡或塑料布确定施工边界。

(4)摊铺、修整

①将符合要求的各种材料装入摊铺车中,注意不要溢出。

②摊铺车对准控制导线,放下摊铺槽,与路面贴紧。

③按生产配合比依次输出矿料、填料、水、添加剂和乳液,并进行拌和。

④混合料均匀流入摊铺槽内,摊铺车匀速行进,必要时可喷水湿润路面。

⑤摊铺速度以保持混合料摊铺量与搅拌量基本一致为准。

⑥稀浆混合料摊铺后的局部缺陷,应及时使用橡胶耙等工具进行人工找平。

⑦采用双层摊铺时,第一层应充分养生后再摊铺第二层。

(5)碾压

①在铺层稳定前不开始碾压。

②碾压时从摊铺的一边到另一边,仔细碾压接缝。

③整个路表碾压一次。

④压路机慢速行驶,最大速度不应超过 8 ~ 9km/h。

(6)养生

通常在气温 24℃、湿度 50% 左右的状态下,应自然养生 1 ~ 2h。

(7)清洁

①在乳液和集料形成充分黏结以前,不宜进行清扫。

②清扫时不能扫出微表处材料。

(8)开放交通

①在新铺的微表处上,交通行驶速度不大于 40km/h。

②无开道车时,设置限速标志。

③对路面标线进行补画。

④按《公路养护安全作业规程》(JTG H30—2004)中的要求,人员、设备、标志、标牌按顺序安全撤离施工现场。

4. 纵向接缝

(1)纵向接缝不设在轮迹带上。

(2)纵向接缝宜设在道路中心、车道中心或车道边缘。

(3)纵向接缝最大重叠 80mm。

(4)摊铺槽不能在新铺的封层上拖行。

5. 横向接缝

在油毡或塑料布约束范围内进行摊铺和养生。

八、质量控制

1. 原材料

(1)承包人自检:1 次/批。

(2)监理工程师抽检:不低于自检的 20%。

2. 施工工序

(1)承包人自检:100%。

(2)监理工程师抽检:100%。

3. 施工中质量检验

(1)承包人自检:符合《微表处和稀浆封层技术指南》表 6.2.1 的规定。

(2)监理工程师抽检:不低于自检的 20%。

4. 检验评定

工程完工后,全段以 1 ~ 3km 作为一个评价路段,进行质量检验与评定。

(1)承包人自检:符合《微表处和稀浆封层技术指南》表 6.3.1 的规定。

(2)监理工程师抽检与评定:不低于自检的 20%。

5. 交工验收

按自检的 5% ~10% 频率检查,抗滑性能、渗水系数、厚度合格率不低于 90%,其余指标合格率不低于 75%。

九、常见问题及解决方法

1. 表面痕迹

清洁橡胶刮板,检查集料级配。

2. 路表光滑

(1)减少混合料的沥青含量。

(2)减小含水率并增加外加剂用量。

(3)增加水泥用量。

(4)开放交通前,增加养生时间。

(5)减少整个液体用量。

3. 路表波浪

(1)摊铺槽设置不正确:进行调整。

(2)混合料的黏度较高:调整配合比。

(3)添加了多余的外加剂或水:适当降低添加量。

(4)混合料破乳较快:选用合适的乳化沥青。

(5)环境温度较高:在合适温度摊铺。

(6)在摊铺机前洒水:应避免。

4. 接缝质量差

(1)开始时用水较多:控制用水量。

(2)接缝处使用了喷水器:应避免。

5. 过量的剥落

(1)混合料破乳较慢、养生期较长:选用合适的乳化沥青。

(2)混合料成型早:需加水泥。

(3)开放交通早:延长养生时间。

(4)交通量过大或车速过高:限速行驶。

(5)乳液凝固前清扫路表:乳液完全凝固后清扫。

第六节　碎 石 封 层

一、适用范围

高速公路沥青路面的应力吸收层。

二、材料要求

1. 黏结料

(1)基质沥青。

(2)改性沥青。

(3)改性乳化沥青。

(4)橡胶改性沥青。

基质沥青、改性沥青、改性乳化沥青应满足规范《公路沥青路面施工技术规范》(JTG F40—2004)的要求。

橡胶沥青应符合表2-8规定的技术要求。

橡胶改性沥青技术要求 表2-8

检验项目			橡胶沥青
180℃旋转黏度(Pa·s)			1.0~4.0
针入度(25℃,100g,5s)(0.1mm)			40~80
延度5℃,5cm/min(cm)		不小于	10
软化点(R&B)(℃)		不小于	47
弹性恢复(%)		不小于	55
薄膜烘箱老化后	质量变化(%)	不大于	0.4
	残留针入度比(%)	不小于	80
	残留延度(5℃)(cm)	不小于	40

2. 集料

应满足《公路沥青路面施工技术规范》(JTG F40—2004)表4.8.2的要求。

三、天气要求

(1)气温在10℃以下不宜进行施工。

(2)不得在雨天施工。

(3)避免在大风天气施工。

四、人员要求

(1)项目经理1名。

(2)技术负责人1名。

(3)质检工程师1名。

(4)试验检测工程师2名。

(5)测量工程师1名。

(6)施工队长1名。

(7)沥青洒布人员2名(1名驾驶员和1名操作员)。

(8)碎石撒布人员2名(1名驾驶员和1名操作员)。

(9)车辆驾驶员8名。

(10)材料负责人1名。

(11)安全员1名。

(12)保通人员4名。

(13)修整、清扫人员6名。

五、设备要求

(1)清扫车1辆,森林灭火器4个。

(2)沥青洒布车1辆。

(3)碎石撒布车1辆。

(4)沥青罐车1辆。

(5)沥青存储罐1个。

(6)碎石筛分机1台。

(7)装载机1台。

(8)胶轮压路机1台:6～10t。

(9)自卸汽车3辆。

(10)工具车1辆。

(11)原材料试验及现场检测设备1套。

(12)水准仪1台。

(13)安全保通设施1套。

六、施工工艺

1.工艺流程

封闭交通—清洁—沥青洒布—碎石撒布—修整—碾压—清洁—开放交通。

2.施工工序

(1)封闭交通

按《公路养护安全作业规程》(JTG H30—2004)中的要求设置控制区。

(2)清洁

①清扫车对原路面进行清扫。

②森林灭火器清除路面浮尘。

(3)洒布沥青

①洒布沥青黏结料。

②沥青温度应达到规范规定的要求。

③喷洒杆的高度要适宜,保证3层重叠。

④沥青洒布车走线要顺直、车速稳定,控制在4km/h。

⑤起点、终点要粘贴顺直的60cm宽油毡或塑料布确定施工边界。

⑥沥青洒布要求均匀,形成等厚度的沥青膜。

(4)撒布碎石

①碎石撒布车应紧跟沥青洒布车。

②碎石撒布应均匀一致。

(5)人工修整

①局部漏洒(撒)时,应人工补洒(撒)。

②用棉布吸附局部过量沥青。

③用扫帚扫除局部过量碎石。

(6)碾压

①采用胶轮压路机碾压,由两边到中间进行。

②碾压方式、遍数通过试验路段确定。

(7)清洁

①待碎石与沥青的黏结达到最佳效果时,清扫路面的自由碎石。

②黏结不牢的集料应全部清扫掉。

③杂物应全部清扫干净。

(8)开放交通

清扫完成后,按《公路养护安全作业规程》(JTG H30—2004)中的要求,人员、设备、标志、标牌按顺序安全撤离施工现场。

3. 纵向接缝处理

(1)第一幅施工时,纵向预留10~15cm宽的沥青带,不撒布集料。

(2)另一幅沿预留带洒(撒)布。

4. 注意事项

(1)横缝搭接合理,尽量减少搭接数量。

(2)轮胎压路机应在沥青温度较高时碾压。

(3)应注意对路缘石、构造物的防污保护。

(4)洒布过程中应防止沥青黏度过高造成喷嘴堵塞。

(5)施工车辆不得随意驶入。

七、质量控制

1. 原材料

(1)承包人自检:1次/批。

(2)监理工程师抽检:不低于自检的20%。

2. 施工工序

(1)承包人自检:100%。

(2)监理工程师抽检:100%抽检。

3. 施工中质量检验

(1)承包人自检:应参照《公路沥青路面施工技术规范》(JTG F40—2004)相关规定进行自检。

(2)监理工程师抽检:不低于自检的20%。

4. 检验评定

工程完工后,全段以1~3km作为一个评价路段进行质量检验与评定。

(1)承包人自检与评定:应参照《公路沥青路面施工技术规范》(JTG F40—2004)相关规定进行。

(2)监理工程师抽检与评定:不低于自检的20%。

5. 交工验收

按自检的5%~10%频率检查,厚度、沥青和石料用量合格率不低于90%,其余指标合格率不低于75%。

八、常见问题及解决方法

1. 集料嵌入乳化沥青深度达到粒径的80%

考虑降低沥青使用量。

2. 集料嵌入深度小于粒径的50%

适当提高沥青使用量。

3. 石料上裹覆的沥青量偏少

适度降低石料的用量。

4. 沥青洒布成泼溅状

降低沥青洒布压力。

5. 出现沥青条纹

(1)沥青温度较低:进行加温。

(2)沥青黏度较大:适当稀释。

(3)所有的喷嘴不在同一角度:调整。

(4)喷洒棒较高:调低。

(5)喷洒棒较低:调高。

(6)喷洒棒压力太大:调低。

(7)喷嘴堵塞:及时疏通。

6. 石料未撒出

检查撒布出口是否被堵塞,或者是否出了故障。

7. 石料撒布过多

检查撒布出口是否出了故障,或者料仓堆料过多。

8. 石料撒布不均匀

重新标定石料撒布器。

9. 沥青在石料上表面

(1)石料撒布车车速较高:降低速度。

(2)运料车、压路机或者开道车操作错误:及时检查、纠正。

10. 石料剥落

(1)沥青用量太小:调大。

(2)石料污染:清洗。

(3)行车速度或者施工车辆速度太快:降低速度。

(4)沥青破乳前就开始清扫:推迟清扫时间。

11. 泛油

(1)沥青使用量较大:适当调低。

(2)接缝部位石料剥落较多:检查接缝区域的施工工艺。

第七节　热拌沥青混合料罩面

一、适用范围

(1)路面结构强度指数(PSSI)为中等以上,路面状况指数(PCI)评价为中及中以下的沥青混凝土路面。

(2)路面结构强度指数(PSSI)为中等以上,路面行驶质量指数(RQI)评价为中及中以下的沥青混凝土路面。

(3)路面结构强度指数(PSSI)为中等以上,路面抗滑能力不足(SF < C40)的沥青混凝土路面。

二、材料要求

1. 聚合物改性沥青

符合《公路沥青路面施工技术规范》(JTG F40—2004)中 I-D 型的相关要求。

2. 集料

技术性能和矿料级配符合《公路沥青路面施工技术规范》(JTG F40—2004)中的相关要求。

三、混合料要求

符合《公路沥青路面施工技术规范》(JTG F40—2004)中密级配的相关要求。

四、路面要求

承载力满足规范要求。

五、天气要求

(1)气温在10℃以下不宜进行施工。
(2)不得在雨天施工。
(3)避免在大风、潮湿环境下施工。

六、人员要求

(1)项目经理1名。
(2)技术负责人1名。
(3)质检工程师1名。
(4)测量工程师2名。
(5)技术员3名。
(6)试验检测人员3名。
(7)施工队长2名。
(8)安全员1名。
(9)保通人员10名。
(10)材料负责人1名。
(11)各种机械驾驶、拌和、摊铺、清洁人员50名。

七、设备要求

(1)铣刨机1台,型号满足施工需要即可,一般日铣刨面积是摊铺面积的1.5~2倍。
(2)清扫车2台,森林灭火器12个。
(3)乳化沥青洒布车1台。
(4)沥青混凝土拌和站1套(根据实际摊铺工程量及日计划完成工程量确定拌和设备型号,一般为3000型拌和站)。
(5)运料车10台(20t自卸运输车)。
(6)沥青混凝土摊铺机1台(配备自动红外找平设备,最大摊铺宽度根据实际施工确定,一般最大摊铺宽度应满足11.5m)。
(7)双钢轮振动压路机2台(吨位大于11t为宜)。
(8)胶轮压路机1台(需要胶轮压路机最小吨位为25t)。
(9)洒水车3台。
(10)沥青存储罐3个(满足现场存储要求)。

(11)发电机组 2 台(功率满足现场施工设备用电和夜间照明)。

(12)试验检测设备 1 套(满足原材料、沥青混合料及现场检测的要求)。

(13)水准仪 2 台。

(14)安全保通设备 2 套。

八、施工工艺

1. 工艺流程

封闭交通—病害处治—铣刨(或精铣刨)—清扫—洒布改性乳化沥青黏层—拌和及运输—摊铺—压实—清洁—开放交通。

2. 施工工序

(1)封闭交通

按《公路养护安全作业规程》(JTG H30—2004)中的要求设置控制区。

(2)病害处治

按设计要求对路面病害进行处治。

(3)铣刨(或精铣刨)

采用铣刨机,按设计要求对完好表层进行精铣刨或按设计要求将严重病害表层铣刨、清除。

(4)清洁

使用森林灭火器、扫帚配合清扫车对路表进行清扫,保证洁净、干燥。

(5)洒布改性乳化沥青黏层

①洒布机均匀洒布黏层油,洒布量和厚度满足设计规定。

②罩面前黏层油需要完全破乳。

(6)拌和、运输

①严格检查、控制生产配合比。

②严格控制拌和时间与出料温度。

③加强混合料的质量检验。

④车辆按规定的方法装料和运输,以避免离析。

⑤料车顶部应覆盖毡布或棉被保温。

(7)摊铺

①在摊铺前对熨平板进行预热。

②经常检查松铺系数,严格控制松铺厚度。

③混合料在规定的温度范围内摊铺在旧路面上。

④混合料摊铺时按规定的纵横坡、厚度铺筑。

⑤摊铺面应纹理均匀,无离析、裂缝和划伤。

⑥必须使用自动找平装置,摊铺面应平整。

⑦施工接缝（横缝和纵缝）黏结紧密，平滑过渡。

⑧必须缓慢、均匀、连续作业，不得随意变更速度或者中途停顿，行进速度宜为2～3m/min。

⑨纵缝应顺适，横缝搭接长度不得小于1m。

⑩沥青混合料的摊铺温度不得低于150℃。

（8）压实

①按试验段确定的碾压方式碾压。

②应匀速行驶碾压，初压速度宜为2～3km/h，复压速度宜为3～5km/h，终压速度宜为3～5km/h。

③初压温度不得低于150℃，终压温度不得低于90℃。

（9）清洁要求

①使用森林灭火器、扫帚配合清扫车对路表进行清扫，保证洁净。

②将摊铺废料运至业主指定的地方。

（10）开放交通

①路表温度低于50℃时，可开放交通。

②开放交通前，及时将路面标线画好。

③按《公路养护安全作业规程》（JTG H30—2004）中的要求，人员、设备、标志、标牌按顺序安全撤离施工现场。

九、质量控制

1.原材料

（1）承包人自检

符合《公路沥青路面施工技术规范》（JTG F40—2004）的规定。

（2）监理工程师抽检：不低于自检的20%。

2.施工工序

（1）承包人自检：100%。

（2）监理工程师抽检：100%。

3.施工中质量检验

（1）承包人自检：符合《公路沥青路面施工技术规范》（JTG F40—2004）的规定。

（2）监理工程师抽检：不低于自检的20%。

4.检验评定

工程完工后，全段以1～3km作为一个评价路段进行质量检验与评定。

（1）承包人自检与评定：符合《公路沥青路面施工技术规范》（JTG F40—2004）的规定。

（2）监理抽检与评定：不低于自检的20%。

5. 交工验收

参照原交通部《公路工程竣(交)工验收办法》中沥青路面的相关规定执行。

十、常见问题及解决方法

1. 拌和楼出料温度太低

料堆中的含水率比原预测可能更高:需要减少产料速度。

2. 混合料中有花白料

(1)集料中可能含有水分:需要减少产料速度。

(2)在加热滚筒中可能出现磨损或掉壁:应及时修补。

(3)混合料拌和时间较短:应延长拌和时间。

3. 混合料离析

(1)当运料车从储料仓装料时,不能单次放料而要多次放料。

(2)运料车在向摊铺机料斗卸料时,应缓慢提升车厢。

(3)每次摊铺后摊铺机应缓慢收斗,确保剩余混合料在流动门之上。

(4)保持材料稳定地输送至摊铺机的螺旋布料器和熨平板上。

(5)检查加长部分摊铺料离析的可能性。

4. 现场密度不足

(1)集料级配已超出目标级配值范围:应及时调整配合比。

(2)沥青含量可能太低:应增加沥青用量。

(3)压路机的类型或振动压路机的频率和振幅:需要及时调整。

(4)严格控制混合料的摊铺、碾压温度。

(5)检查下层的密度。

(6)对薄层罩面,使用的公称最大粒径可能较大:采用合适的混合料或增加厚度。

5. 混合料外表缺少光泽

混合料的沥青含量较少或有过量的200号筛孔以下的细粉:应及时调整。

6. 混合料在运料车中滑移

加强集料沥青用量的检查。

7. 碾压后路面出现裂缝

如混合料温度低、较干燥、细料或水分较多、过分碾压:应加强监控及时作出针对性调整。

8. 路表平整度太差或颠簸

(1)避免摊铺机多次停止、启动。

(2)降低摊铺速度。

(3)及时调整人工熨平板。

(4)认真处理施工缝。

第八节　沥青路面就地冷再生施工

一、再生类型

1. 沥青层就地冷再生

铣刨旧沥青层，掺入新集料、乳化沥青或泡沫沥青、水，一次性实现就地冷再生的技术，适用于高速公路下面层。

2. 全深式就地冷再生

铣刨旧沥青层、基层，掺入新集料、乳化沥青（泡沫沥青）或水泥（水泥、石灰）、水，一次性实现就地冷再生的技术，适用于高速公路基层。

二、材料要求

1. 泡沫沥青、乳化沥青

应满足《公路沥青路面再生技术规范》（JTG F41—2008）中的相关要求。

2. 水泥

可采用普通硅酸盐、矿渣硅酸盐、火山灰硅酸盐类水泥，强度等级可为32.5或42.5，初凝应在3h以上，终凝应在6h以上。

3. 石灰

应符合《公路路面基层施工技术规范》（JTJ 034—2000）中的相关要求。

4. 集料

应符合《公路沥青路面施工技术规范》（JTG F40—2004）中的相关要求。

三、混合料要求

应符合《公路沥青路面再生技术规范》（JTG F41—2008）中的相关要求。

四、天气要求

（1）气温在10℃以下不宜进行施工。

（2）不得在雨天施工。

（3）避免高温、潮湿和大风天气施工。

五、人员要求

（1）项目经理1名。

（2）技术负责人1名。

（3）质检工程师1名。

(4)试验检测人员2名。

(5)测量工程师2名。

(6)技术员2名。

(7)施工队长1名。

(8)安全员1名。

(9)保通人员10名。

(10)材料负责人1名。

(11)机械驾驶、摊铺、清洁人员25名。

六、设备要求

(1)清扫车1台,森林灭火器4个。

(2)履带式再生机或轮胎式再生机1台:履带式再生机适用于沥青层冷再生;轮胎式再生机适用于全深式冷再生。

(3)稀浆拌和车1台:容积及质量满足施工要求。

(4)沥青罐车1台:容积满足施工需要。

(5)双振动压路机2台:11t以上。

(6)胶轮压路机1台:25t以上。

(7)单振动压路机1台:20t以上。

(8)平地机1台(全深式就地冷再生)。

(9)运料车4辆:12t以上自卸运输车。

(10)沥青存储罐1~2个。

(11)试验检测设备1套:满足原材料、再生混合料及现场检测的要求。

(12)水准仪1台。

(13)安全保通设备1套。

七、施工工艺

1.施工流程

封闭交通—清洁—冷再生(铣刨、拌和、摊铺)—压实—清洁—养生、开放交通。

2.施工工序

(1)封闭交通

按《公路养护安全作业规程》(JTG H30—2004)中的要求设置控制区。

(2)清洁

使用森林灭火器、扫帚配合清扫车对路表进行清洁。

(3)冷再生(铣刨、拌和、摊铺)

①保证铣刨的深度和宽度与设计一致。

②使用石灰、水泥作为再生结合料时，应使用稀浆拌和车制作水泥浆，石灰粉须充分消解，施工前均匀摊铺在结构层顶面。

③新集料添加应满足混合料设计要求，施工前均匀摊铺在结构层顶面。

④保证通过筛网的粗集料的最大粒径小于或等于设计规定的最大尺寸。

⑤保证乳化沥青、泡沫沥青、水、无机结合料按设计指定的速度添加。

⑥目测观察结合料均匀、一致。

⑦确认结合料的质量与配合比符合设计要求。

⑧当混合料拌和好时，收料装置在拌和装置后合适的位置。

⑨料仓里的混合料数量适度。

⑩除设计要求外，摊铺机上的熨平板不得加热。

⑪再生机组从开始铣刨至摊铺结束，必须缓慢、均匀、连续作业，不得随意变更速度或者中途停顿，行进速度宜为4～10m/min。

⑫摊铺时，按设计要求设置纵坡、横坡。

⑬按设计要求设置横向施工缝和纵向施工缝，横缝搭接长度不小于100cm，纵缝搭接长度不小于10cm。

⑭使用乳化沥青、泡沫沥青作为再生结合料时，压实厚度宜为80～160mm。使用石灰、水泥作为再生结合料时，压实厚度宜为150～220mm。

⑮使用石灰、水泥作为再生结合料时的全深式就地冷再生，沥青层厚度占再生层厚度的比例不宜超过50%。

（4）压实

①压路机应在再生机后合适的距离进行压实。

②在试验路段形成一套压实工序、遍数及平整度控制措施。

③压路机应缓慢、匀速碾压，初压速度宜为1.5～3km/h，复压和终压速度宜为2～4km/h。

④不得出现过压变形与破坏。

⑤根据现场压实效果调整、改进组合压实方式。

⑥停止、起步和转弯都应缓慢进行，尽可能减少停车、接缝处理次数。

⑦碾压过程中出现弹簧、松散、起皮等现象时，应及时翻开重新拌和与修整，使其达到质量要求。

⑧在设计规定的时间内完成终压。

⑨使用水或批准的湿润剂喷洒在压路机钢轮和轮胎上，防止路面粘连，严禁使用柴油、溶剂。

（5）清洁要求

①清扫过量的材料。

②清除路表的松散岩屑、灰尘和其他杂物，运至业主指定的地点。

③仔细清洗使用过的设备,以备下次使用。

④开放交通前需要对路面进行最终清扫。

(6)养生及开放交通

①养生时间不宜小于7d。

②当满足以下条件之一时,可以提前结束养生:

a. 再生层可以取出完成芯样。

b. 再生层含水率小于2%。

③按《公路养护安全作业规程》(JTG H30—2004)中的要求,人员、设备、标志、标牌按顺序安全撤离施工现场。

八、质量控制

1. 原材料

(1)承包人自检:符合《公路沥青路面再生技术规范》(JTG F41—2008)的规定。

(2)监理工程师抽检:不低于自检的20%。

2. 施工工序

(1)承包人自检:100%。

(2)监理工程师抽检:100%。

3. 施工中质量检验

(1)承包人自检:符合《公路沥青路面再生技术规范》(JTG F41—2008)的规定。

(2)监理工程师抽检:不低于自检的20%。

4. 检验评定

工程完工后,全段以1~3km作为一个评价路段进行质量检验与评定。

(1)承包人自检与评定:符合《公路沥青路面再生技术规范》(JTG F41—2008)的规定。

(2)监理工程师按抽检与评定:不低于自检的20%。

5. 交工验收

参照原交通部《公路工程竣(交)工验收办法》中沥青路面的相关规定执行。

九、常见问题及解决方法

1. 厚度误差

(1)检查铣刨深度。

(2)确保有足够的再生层厚度。

2. 超粒径材料或大块

(1)检查筛板的尺寸或筛孔大小是否满足要求。

(2)检查拌和装置里的大块石料,确认拌和叶片是干净的,在压实之前清除大块石料。

3. 混合料不均匀

(1)检查是否有充足的含水量。

(2)检查是否有充足的再生结合料。

(3)检查拌和装置是否工作正常。

4. 离析

(1)根据施工的厚度检查最大粒径。

(2)辨别系统的离析区域并做出纠正,例如在变速器附近。

(3)如果熨平板有所延长,检查在延长部分是否有离析。

5. 未压实材料的表面拖痕

(1)确保熨平板是干净的。

(2)确保熨平板是不加热的。

6. 未充分压实

(1)确保压实在正确的时间开始。

(2)确保压实方式已经充分建立,并被很好地理解和执行。

(3)确保压路机的正确型号、数量和尺寸被采用。

(4)确保压路机行进速度不要太快。

7. 下雨

(1)停止施工。

(2)收起料堆并尽快进行摊铺。

(3)用钢轮压路机尽快进行压实。

8. 材料松散

(1)确认压路机的洒水系统运行良好。

(2)检查冷再生后开放交通是否太早。

(3)检查是否有足够的再生结合料。

(4)确保周围气温不要太低。

9. 弹簧

检查有无添加过量的水或者液体等再生结合料。

第九节　沥青路面就地热再生施工

一、再生原理

将旧沥青路面加热、铣刨,就地掺入一定数量的新沥青、新集料、新沥青混合料、再生剂,拌和形成再生混合料,经热态拌和、摊铺后,压实成型。

利用再生复拌机的第一熨平板摊铺再生混合料,利用再生复拌机的第二熨平板同时将新薄层沥青加铺罩面层混合料摊铺在再生混合料之上,两层一起碾压成型。

二、材料要求

1. 再生剂

应符合《公路沥青路面再生技术规范》(JTG F41—2008)中的相关要求。

2. 集料、沥青

应满足《公路沥青路面施工技术规范》(JTG F40—2004)中的相关要求。

三、混合料要求

应满足《公路沥青路面施工技术规范》(JTG F40—2004)中的相关要求。

四、再生混合料要求

应符合《公路沥青路面再生技术规范》(JTG F41—2008)中的相关要求。

五、路面要求

(1)承载力满足规范要求。

(2)再生前,应对再生工艺无法修复的病害进行预处理。

①破损松散类:病害深度超过再生深度时,挖除。

②变形类:深度为30~50mm时,铣刨处理。

③裂缝类:影响再生质量时,进行处治。

六、天气要求

(1)气温在10℃以下不宜进行施工。

(2)不得在雨天施工。

(3)避免高温、潮湿和大风天气施工。

七、人员要求

(1)项目经理1名。

(2)技术负责人1名。

(3)质检工程师1名。

(4)测量工程师2名。

(5)技术员2名。

(6)试验检测人员2名。

(7)施工队长1名。

(8)安全员1名。

(9)保通人员10名。

(10)材料负责人1名。

(11)机械驾驶、摊铺、清洁人员20名。

八、设备要求

(1)清扫车1台,森林灭火器4个。

(2)红外再生车1台。

(3)沥青洒布车1台。

(4)双钢轮压路机1台:11t以上。

(5)胶轮压路机1台:15t以上。

(6)摊铺机1台(加铺再生方式)。

(7)沥青存储罐2个。

(8)运料车4辆:12t以上自卸运输车。

(9)试验检测设备1套:满足原材料、再生混合料及现场检测的要求。

(10)水准仪1台。

(11)安全保通设备1套。

九、施工工艺

1. 工艺流程

封闭交通—清洁、画导向线—加热—再生(刨齿翻松、掺新料、喷洒再生剂、拌和、摊铺)—压实—清洁—开放交通。

2. 施工工序

(1)封闭交通

按《公路养护安全作业规程》(JTG H30—2004)中的要求设置控制区。

(2)清洁、画导向线

①使用森林灭火器、扫帚配合清扫车对路表进行清洁。

②再生宽度外画导向线,也可将原路缘线作为导向线,保证再生施工边缘顺直、美观。

(3)加热

①确保在就地热再生过程中,路表面和内部干燥。

②加热温度须在110~160℃范围。

③拌和温度须在110~160℃范围。

④确保路面不被烤焦、烧黑,严禁加热温度超过190℃。

⑤原路面加热宽度应每侧超出铣刨宽度20cm。

(4)再生

①铣刨

a. 铣刨深度要均匀,铣刨深度变化时应缓慢渐变。

b. 铣刨面应有较好的粗糙面。

c. 铣刨面温度应高于70℃。

d. 粗集料应没有破碎或降低级配。

②添加新料和喷洒再生剂

a. 通过双轴料仓,按混合料设计的规定加入新的集料或沥青混合料。

b. 通过喷洒装置,按混合料设计的规定均匀喷洒新的沥青、改性沥青。

c. 再生剂的喷洒量须满足混合料设计要求。

d. 考虑再生剂的数量会被路面的不规则性所影响,例如车辙等,道路的每一路段再生剂数量会有所不同。

③拌和、摊铺

a. 观察混合料均匀和连续性,有无过多的粗集料或细集料等离析现象发生。

b. 确保纵缝顺直,与处理过的区域重叠最少不小于10cm。

c. 再生混合料摊铺应匀速行进,施工速度宜为1.5~5m/min,避免出现粗糙、拉毛、裂纹、离析现象。

d. 应根据再生层厚度调整摊铺熨平板的振动功率,提高再生混合料的初始密度,减少热量散失。

e. 再生混合料的摊铺温度应控制在120~150℃范围内。

(5)碾压

①就地热再生的初压温度不得低于120℃。

②通过铺筑试验路段,确定压路机的组合压实遍数,压路机的速度不超过6km/h。

③确保没有产生过压破坏。

④根据压实效果调整、改进压路方式。

⑤确保停止、起步和转弯都是缓慢进行的。

⑥钢轮压路机终压温度不低于70℃,胶轮压路机终压温度不低于80℃。

⑦使用水或批准的湿润剂喷洒在压路机钢轮和轮胎上,防止路面粘连,严禁使用柴油或者溶剂。

(6)清洁要求

①清扫过量的材料。

②废料运至业主指定的地点。

③仔细清洗使用过的设备,以备下次使用。

④开放交通前需要对路面进行最终清扫。

(7)开放交通

①路表温度低于50℃时,可开放交通。

②开放交通前,及时将路面标线画好。

③按《公路养护安全作业规程》(JTG H30—2004)中的要求,人员、设备、标志、标牌按顺序安全撤离施工现场。

十、质量控制

1. 原材料

(1)承包人自检:符合《公路沥青路面再生技术规范》(JTG F41—2008)的规定。

(2)监理工程师抽检:不低于自检的20%。

2. 施工工序

(1)承包人自检:100%。

(2)监理工程师抽检:100%。

3. 施工中质量检验

(1)承包人自检:符合《公路沥青路面再生技术规范》(JTG F41—2008)的规定。

(2)监理工程师抽检:不低于自检的20%。

4. 检验评定

工程完工后,全段以1~3km作为一个评价路段进行质量检验与评定。

(1)承包人自检与评定:符合《公路沥青路面再生技术规范》(JTG F41—2008)的规定。

(2)监理工程师抽检与评定:不低于自检的20%。

5. 交工验收

参照原交通部《公路工程竣(交)工验收办法》中沥青路面的相关规定执行。

十一、常见问题及解决方法

1. 大块团料

降低速度让材料充分加热。

2. 不均匀混合料

降低速度让材料充分拌和。

3. 离析

(1)检查路面加热温度。

(2)检查熨平板工作状态。

4. 未压实混合料上的拖痕

(1)检查材料是否冷却,是否需要加热。

(2)降低摊铺速度。

(3)查找灌缝材料和其他外来材料。

5. 压实不充分

(1)检查压路机组合形式和型号,或者增加压路机数量。

(2)适当提高加热温度,及时碾压。

6. 材料松散

(1)增加沥青使用量。

(2)确认合适的压实方法。

7. 泛油

(1)减少沥青使用量。

(2)检查拌和程序是否正确。

第三章　高速公路养护标准化监理

第一节　总　　则

为了在高速公路养护工作中全面落实监理制度,使维修保养监理工作科学化、规范化和制度化,根据高速公路维修保养工作的特点,参照《公路工程施工监理规范》(JTG G10—2006),制订本手册。

一、监理任务

依据监理合同对维修保养工程的质量、安全、环保、费用、进度、合同实施监督与管理。

二、监理依据

(1)监理服务合同。
(2)施工合同。
(3)招标文件。
(4)国家和地方法律、法规。
(5)国家和行业、地方有关标准、规范、规程。
(6)省交通主管部门、业主编制的规章、办法及手册。
(7)维修保养通知单、会议记录、函电等书面文件。
(8)省交通主管部门、业主下发的通知、指令、通报。
(9)监理工程师通知、指示、指令。

三、服务目标

(1)工程服务目标:严格监督承包人履行施工合同,维修保养工程质量满足交通运输部颁现行相关养护技术规范要求。各项评定指标(国际平整度指数、公路综合养护指数、绿化养护指数及合同规定的其他指标)满足施工合同规定。

(2)工作服务目标:全面优质地履行监理合同,满足合同各项要求。

四、质量保证体系

实行"承包人自检、监理验收(中间交工)、业主与交通主管部门检查、社会监督"的四级质量保证体系。

五、维修保养工程内容

维修保养工程内容见表3-1。

维修保养工程内容　　表3-1

分类		项目	维修内容	保养内容
土建工程		1.路基	路肩、边坡水毁处理,护坡、护坡道、挡土墙、排水设施等圬工损坏维修,路缘石、拦水带损坏维修	路肩、边坡、护坡、护坡道、挡土墙、排水设施杂草、杂物清理,排水设施清淤、疏通
		2.路面	坑槽、裂缝、壅包、泛油等病害处治	路面杂物清扫,路面污物清除,清除积水
		3.桥梁	桥面局部病害维修,结构部件局部损坏维修,小型构件更换,圬工防护损坏维修,伸缩缝损坏维修,支座损坏更换	桥面杂物清扫、污物清除,伸缩缝清理,泄水孔疏通,护栏清洗
		4.涵洞、通道	结构局部损坏维修,防雨棚局部损坏维修	涵洞、通道底杂物、积水、淤泥清理,防雨棚清洁
		5.隧道	结构局部损坏维修,内装局部损坏维修	路面杂物清扫(机械),检修道杂物清扫(人工),内装清洁,排水沟杂物清理、疏通
沿线设施	交通安全设施	1.护栏	校正,小型配件补装,更换	清洗
		2.防眩板(网)	校正,小型配件补装、更换	清洗
		3.隔离栅	校正,小型配件补装,更换	攀爬物清理
		4.防落网	校正,小型配件补装,更换	清洗
		5.标志	校正,小型配件补装,更换	清洗
		6.标线	补画	清洁
	环保设施	声屏障	局部损坏维修	清洁,小型配件补装
	绿化	中央分隔带、路肩、边坡、匝道园区、服务区、管理区	修剪、浇水、施肥、病虫害防治	补栽

六、工作内容及方式

1. 质量监理

(1)维修质量:旁站、巡视、中间交工验收。

(2)保养质量:日常巡查。

(3)交工质量:中间交工验收、评定。

2. 安全监理

(1)保证体系:审批。

(2)安全设备:检查。

(3)安全作业:旁站、巡视、日常巡查。

3. 环保监理

(1)保证体系:审批。

(2)现场作业:旁站、巡视、日常巡查。

4. 费用监理

(1)中期支付:检查、考核,审核、审批。

(2)最终支付:交工验收、评定,审核、审批。

5. 进度监理

(1)维修工程的时效:旁站、巡视、日常巡查。

(2)保养工程的时效:日常巡查。

6. 合同监理

(1)工程保险:核查。

(2)计日工:核定、审批。

(3)违约处理:调查取证、建议。

(4)争端协调:调查取证、调解、出庭作证。

七、工作准则

严格监理、优质服务、秉公办事、廉洁自律。

八、组织机构

以监理服务合同为准。原则上,可根据项目实际情况,设置一级或二级监理机构。

1. 一级监理机构

当项目路段中只有1个土建、交通安全设施、环保设施施工合同段和1个绿化施工合同段时,宜设置一级监理机构,其组织机构框图见图3-1。

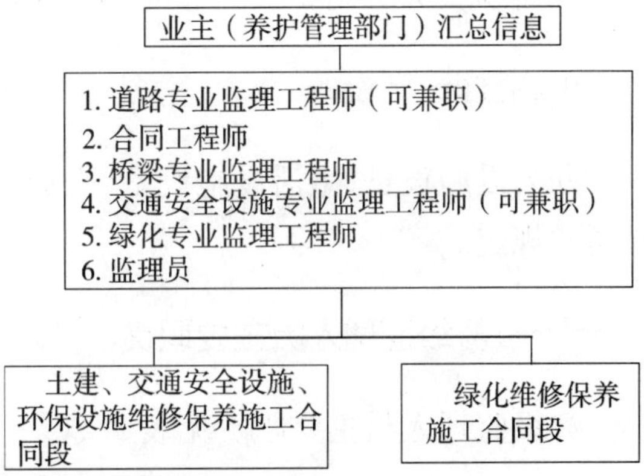

业主(养护管理部门)汇总信息

1. 道路专业监理工程师(可兼职)
2. 合同工程师
3. 桥梁专业监理工程师
4. 交通安全设施专业监理工程师(可兼职)
5. 绿化专业监理工程师
6. 监理员

土建、交通安全设施、环保设施维修保养施工合同段

绿化维修保养施工合同段

图3-1　一级监理组织机构框图

2. 二级监理机构

当项目路段中有2个或2个以上土建、交通安全设施、环保设施维修保养施工合同段和2个或2个以上绿化维修保养施工合同段时,宜设置二级监理机构,其组织机构框图见图3-2。

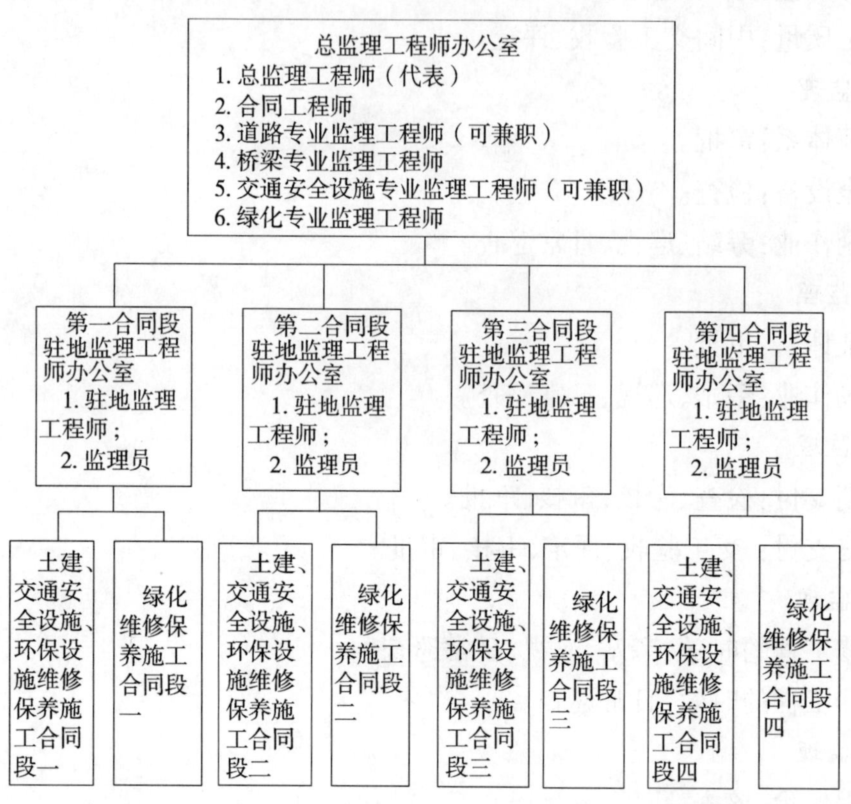

图3-2　二级监理组织机构框图

九、人员配置

按监理服务合同要求的标准、数量配置。

十、监理设施设备

办公设施设备、生活设施设备、交通工具、通信设备等,须满足工程需要及监理服务合同的规定。

十一、各级监理人员主要职责

各级监理人员主要职责见表3-2。

表 3-2

各级监理人员主要职责一览表

监理阶段	监理内容	工作内容	工作职责	监理岗位							
				总监理工程师	合同工程师	道路工程师	桥梁工程师	交通安全设施工程师	绿化工程师	驻地监理	监理员
施工准备阶段	内部管理	1. 监理细则	制订	★		☆	☆	☆	☆	☆	
		2. 培训、考试	组织	★	☆					☆	
		3. 人员任免	向公司建议	★						☆	
		4. 日常工作	管理	★	☆					☆	
		5. 假期	拟审批	★	☆					☆	
	维修保养工程管理	1. 进场人员、机械、安全设施	检查			☆	☆	☆	☆	★	☆
			审批						☆	★	
		2. 试验检测设备或委托试验机构的资质审查	检查、审批							★	
		3. 进场材料	审批			★	★	★	★		
		4. 标准试验	审批			★	★				
		5. 施工组织设计	审核			☆	☆	☆	☆	★	
			审批	★							
		6. 开工申请	审批						☆	★	
		7. 开工令	下达	★							
		8. 承包人驻地建设	审查						☆	★	
			审批	★							

续上表

监理阶段	监理内容	工 作 内 容	工作职责	监理岗位							
				总监理工程师	合同工程师	道路工程师	桥梁工程师	交通安全设施工程师	绿化工程师	驻地监理	监理员
施工阶段	巡查	1. 日常巡查	步行巡查	☆		☆	☆	☆	☆	★	☆
			集中巡查	☆		★	★	★	★	★	
			桥梁经常检查	☆		☆	★	☆		☆	☆
		2. 专项巡查	参与	★		☆	☆	☆	☆	☆	☆
		3. 特殊巡查	参与	★		☆	☆	☆	☆	☆	☆
	考核	1. 日常考核	检查、考核	☆		☆	☆	☆	☆	★	
		2. 月考核	检查、考核	★	☆	☆	☆	☆	☆	☆	
		3. 季度考核	检查、考核	★	☆	☆	☆	☆	☆	☆	
	质量监理	1. 工序	旁站、巡视			☆	☆	☆	☆		★
		2. 质量	验收			★	★	★	★		☆
		3. 日常巡查	检查、考核	☆		☆	☆	☆	☆	★	
		4. 维修工程质量验收单	签字认可			☆	☆	☆	☆	★	☆
	安全监理	1. 组织机构、规章制度、保证措施	审核			☆	☆	☆	☆	★	
			审批	★							
		2. 现场监督	旁站、巡视			☆	☆	☆	☆		★
		3. 日常巡查	检查、考核	☆		☆	☆	☆	☆	★	

续上表

监理阶段	监理内容	工作内容	工作职责	监理岗位							
				总监理工程师	合同工程师	道路工程师	桥梁工程师	交通安全设施工程师	绿化工程师	驻地监理	监理员
施工阶段	环保监理	1. 规章制度、保证措施	审核			☆	☆	☆	☆	★	
			审批	★							
		2. 现场监督	旁站、巡视			☆	☆	☆	☆	☆	★
		3. 日常巡查	检查	☆		☆	☆	☆	☆	☆	
	费用监理	1. 指数确定	编制			☆	☆	☆	☆	★	
			审核		★						
		2. 计量说明	编制		★						
			审批	★							
		3. 付款申请	审核		★						
			审批	★							
		4. 支付证书	审批	★							
		5. 计日工计量（合同外工程）	审核		★	☆	☆	☆	☆	☆	☆
			审批	★							
		6. 计量台账	编制		★				☆	☆	
	进度监理	1. 月施工计划	审核			☆	☆	☆	☆	★	
			审批	★							
		2. 维修保养通知单	下发	★					☆	☆	

续上表

监理阶段	监理内容	工作内容	工作职责	监理岗位							
				总监理工程师	合同工程师	道路工程师	桥梁工程师	交通安全设施工程师	绿化工程师	驻地监理	监理员
施工阶段	进度监理	3. 现场监督	旁站、巡视			☆	☆	☆	☆	☆	★
		4. 日常巡查	检查、考核	☆		☆	☆	☆	☆	★	
	合同监理	1. 工程保险	核查		★						
		2. 计日工申报	审核		★	☆	☆	☆	☆	☆	☆
			审批	★							
		3. 违约处理	取证、上报			☆	☆	☆	☆	★	
			核实、上报	★	☆						
		4. 争端调解	取证、上报			☆	☆	☆	☆	★	
			核实	★	☆						
			调解、作证	★	☆					☆	
交工验收及缺陷责任期阶段	交工验收	1. 交工验收申请	审查	★		☆	☆	☆	☆	☆	
		2. 监理交工文件	编制、移交	★	☆	☆	☆	☆	☆	☆	☆
		3. 验收质量评定	评定、移交			★	★	★	★	☆	
		4. 监理工作报告	编制、移交	★	☆	☆	☆	☆	☆	☆	
		5. 交工验收	参加	★	☆	☆	☆	☆	☆	☆	
	缺陷期监理	1. 缺陷维修通知单	建议业主下发	★							
		2. 缺陷修复	旁站、巡视	★	☆						

续上表

监理阶段	监理内容	工作内容	工作职责	监理岗位							
				总监理工程师	合同工程师	道路工程师	桥梁工程师	交通安全设施工程师	绿化工程师	驻地监理	监理员
交工验收及缺陷责任期阶段	缺陷期责任期监理	3. 承包人缺陷合同执行情况	检查	★	☆						
		4. 缺陷责任终止	签发证书	★							
		5. 最终支付	审批	★	☆						

注:1. “★”表示主持,“☆”表示协助。

2. 如果监理职位出现兼职情况,则同时承担相应职责。

第二节　监理工程师巡查制度

一、巡查分类

巡查分为日常巡查、定期巡查、特殊巡查、专项巡查四类。

二、巡查设备要求

(1)巡查车辆:状况良好,配有黄色警示灯。

(2)安全设备:锥形标、手持式爆闪灯、指示旗等。

三、巡查安全要求

(1)巡查人员必须穿反光背心。

(2)车辆巡查时必须开启黄闪灯,沿紧急停车带以小于40km/h的速度行驶。停车查看时,必须摆放锥形标,并由驾驶员负责安全交通。

四、日常巡查要求

1.集中巡查

(1)定义:对路基、路面、桥涵隧、交通安全设施、环保设施、绿化及承包人现场施工管理进行以动态为主、静态为辅的检查,是监控巡查的补充巡查。

(2)目的:能够及时发现业主监控巡查所不能发现的较为明显的病害,对承包人的施工质量、时效、安全生产、环境保护等方面进行日常考核,为下发“维修保养通知单”提供依据,为日、周维修保养情况进行总结和为日、周维修保养计划的制订提供依据。

(3)巡查组织:以驻地监理工程师、专业监理工程师为主,总监理工程师参加,承包人配合,业主路段负责人参加。

(4)巡查方式:以车行为主,必要时停车检查。

(5)巡查频率:每周1次。

(6)巡查工具:钢板尺、皮尺、线绳、照相机。

(7)记录工具:笔、本、记录表。

(8)巡查范围:高速公路主线、连接线、互通区及匝道、收费站广场、服务区道路、人行天桥(外观)。

(9)巡查内容。

①路基:路肩清洁情况及有无明显水毁,路缘石、拦水带有无明显损坏。

②路面:清洁情况及有无明显病害。

③天桥:涂装是否损坏、防抛网有无明显缺损。

④桥面:清洁情况及有无明显病害。

⑤隧道:路面、检修道、清洁情况,内装是否清洁,有无明显损坏情况,排水畅通情况。

⑥交通安全设施:清洁情况,有无明显缺损,涂装是否损坏。

⑦绿化:苗木长势、缺失情况。

⑧其他:施工质量与时效,安全生产、环境保护情况。

(10)工作内容。

①按巡查内容检查。

②负责检查、记录各类病害类型、位置、数量、尺寸、损坏程度,必要时应现场拍照。

③负责填写"维修保养(集中)巡查记录表"。

④将需要维修的病害统计后(附必要的照片),于次日 9:00 前,以电子邮件形式发给业主,作为业主下发"维修保养通知单"的依据。

⑤根据现场检查情况,对承包人的施工质量与时效、安全生产、环境保护情况进行日常考核,考核结果存档。

⑥每月 25 日前,将当月的"维修保养(集中)巡查记录表"上报业主。

⑦每月 25 日前,将当月的日常考核结果汇总后上报业主。

2. 步行巡查

(1)定义:对路基、路面、交通安全设施、环保设施、绿化进行的较为细致的现场静态检查,是对监控巡查、集中巡查中不易观察到的部位或不易确认的病害进行的补充巡查。

(2)目的:能够及时发现监控巡查和集中巡查所不能发现的细微病害,是进行日常考核与制订日维修保养计划及下发"维修保养通知单"的基础和依据。

(3)巡查组织:以驻地监理工程师为主,专业监理工程师、监理员协助,总监理工程师参加,承包人配合,业主路段负责人每周参加 1 次。

(4)巡查方式:步行。

(5)巡查频率:每半年巡查 1 遍;原则上每天巡查 1 ~ 2km(单幅),每半年将监理路段巡查 1 遍(双幅)。

(6)巡查工具:钢板尺、皮尺、线绳、照相机。

(7)记录工具:笔、本、记录表。

(8)巡查范围:高速公路主线。

(9)巡查内容。

①路基:路肩边沟清洁状况,路肩损坏、边坡坍塌、水毁冲沟、路基构造物损坏情况,路缘石(拦水带)缺损、路基沉降、排水系统淤塞情况。

②路面:龟裂、块状裂缝、纵向裂缝、横向裂缝、坑槽、松散、沉陷、波浪壅包、泛油、修补等情况。

③交通安全设施:防护设施缺损、隔离栅损坏、标志缺损、标线缺损情况。

④环保设施:声屏障损坏情况。

⑤绿化:管养不善情况。

(10)工作内容。

①按巡查内容检查。

②负责检查、记录各类病害类型、位置、数量、尺寸、损坏程度,必要时应现场拍照。

③负责填写“维修保养(步行巡查)巡查记录表”。

④将巡查发现的需要维修的病害统计后(附必要的照片),于次日 9:00 前,以电子邮件形式发给业主,作为业主下发“维修保养通知单”的依据。

⑤每月 25 日前,将当月的“维修保养(步行巡查)巡查记录表”上报业主。

3. 桥涵隧经常检查

(1)定义:对桥梁、涵洞、通道、隧道结构和附属构造物技术状况进行的较为细致的经常性现场静态检查。

(2)目的:能够及时发现早期破损、明显病害和淤塞等,为下发“维修保养通知单”提供依据,是进行日常考核与制订月度、季度维修保养计划及下发“维修保养通知单”的基础和依据。

(3)检查组织:由业主桥梁工程师组织,桥梁专业监理工程师负责,驻地监理工程师、监理员协助,总监理工程师参加,承包人配合。

(4)检查方式:步行为主。

(5)检查频率:技术状况评分大于等于 75 分的一、二类桥梁,技术状况评定为好、较好的涵洞、通道,及技术状况评定为 S(无异常)的隧道,每季度检查 1 次;其余评定等级且未进行维修、加固的结构物,应每月检查 1 次。

(6)检查工具:钢板尺、皮尺、检查锤、照相机等。

(7)记录工具:笔、本、记录表。

(8)检查范围:沿线桥梁、涵洞、通道、隧道。

(9)检查内容:参见《公路桥涵养护规范》(JTG H11—2004)中“经常检查”的内容及《公路隧道养护技术规范》(JTG H12—2003)中“日常检查”的内容。

(10)工作内容:

①按巡查内容检查。

②根据《公路桥涵养护规范》(JTG H11—2004)及《公路隧道养护技术规范》(JTG H12—2003)中的要求,检查、记录缺损类型、缺损范围,对病害进行现场拍照。

③负责填写“桥梁经常检查记录表”、“涵洞、通道经常检查记录表”和“隧道日常检

查记录表”。

④整理、汇总检查结果。

⑤及时将结果上报业主,作为业主下发“维修保养通知单”和承包人制订月度、季度养护计划的依据。

五、定期巡查

(1)定义:对路基、路面、桥涵隧、交通安全设施、绿化等技术状况进行的深入细致的静态检查。

(2)目的:全面评定路基、路面、交通安全设施、绿化的技术状况和使用品质,是进行考核与制订维修保养计划、制订养护专项工程计划及下发“维修保养通知单”的基础和依据。

(3)巡查组织。

①路基、路面、交通安全设施、绿化:由业主委托具有行业相应试验检测资质的机构进行检测,业主路段负责人每月参加 1 次。

②桥涵隧:由业主委托具有行业相应试验检测资质的机构进行检测,业主桥梁工程师每月参加 1 次。

(4)巡查方式:步行。

(5)巡查频率。

①路基、路面、交通安全设施、绿化:宜每年巡查 2 次。

②桥涵隧:宜每年巡查 1 次。

(6)巡查工具:钢板尺、3m 直尺、皮尺、线绳、照相机等。

(7)记录工具:笔、本、记录表。

(8)巡查范围:高速公路主线、连接线、互通区及匝道、收费站广场、服务区道路。

(9)巡查内容:《公路技术状况评定标准》(JTG H20—2007)中要求的相关内容。

(10)工作内容。

①路基、路面、交通安全设施、绿化

a. 按《公路技术状况评定标准》(JTG H20—2007)的要求,填写“沥青路面损坏调查表(A-1)”、“路基损坏调查表(A-4)”、“沿线设施损坏调查表(A-6)”。

b. 按《公路技术状况评定标准》(JTG H20—2007)的要求,评定 SCI、PCI、TCI 值。

c. 巡查评定资料由业主委托的试验检测机构提供,结果录入“河南省高速公路路面管理信息系统”,作为对承包人进行半年考核、计量与制订季度、半年维修保养计划,制订养护专项工程计划及下发“维修保养通知单”的依据。

②桥涵隧

a. 按《公路桥涵养护规范》(JTG H11—2004)、《公路隧道养护技术规范》(JTG H12—2003)的要求,填写“桥梁定期检查记录表”[《公路桥涵养护规范》(JTG H11—2004)附录 C]、“涵洞定期检查表”[《公路桥涵养护规范》(JTG H11—2004)附录 D]、“定期(特别)检查记录表”[《公路隧道养护技术规范》(JTG H12—2003)附录A表A.0.2]。

b.按《公路技术状况评定标准》(JTG H20—2007)的要求,填写“桥隧构造物损坏调查表(A-5)”,并评定BCI值。

c.巡查评定资料由业主委托的试验检测机构提供,结果录入“河南省高速公路桥梁管理信息系统”,作为对承包人进行年度考核、计量与制订年度维修保养计划、制订养护专项工程计划及下发“维修保养通知单”的依据。

六、特殊巡查

(1)定义:在恶劣天气、自然灾害、交通事故或其他异常事件发生后,对路基、路面、桥涵隧、交通安全设施、环保设施、绿化等进行的静动态相结合的检查。

(2)目的:及时掌握受损情况,为采取对策措施提供决策依据。

(3)巡查组织:业主主持,总监理工程师负责,专业监理工程师、驻地监理工程师、监理员协助,承包人参加。

(4)巡查方式:步行为主、车行为辅。

(5)巡查工具:钢板尺、皮尺、温度计、照相机等。

(6)记录工具:笔、本、记录表。

(7)巡查频率:

①降雨之后进行1次;当连续降雨超过4h,应在降雨中进行1次。

②大风之后进行1次。

③大雾后,对解除封闭的路段进行1次。

④降雪时,进行不间断巡查。

⑤自然灾害、交通事故或其他异常事件发生后至结束,进行不间断巡查。

(8)巡查范围:恶劣天气、自然灾害、交通事故或其他异常事件影响区域内的相关路基、路面、桥涵隧、交通安全设施、环保设施、绿化。

(9)巡查内容。

①降雨时:路基边坡、圬工防护水毁情况,排水设施淤塞、水毁情况,路面有无坑槽、唧泥、沉陷,桥面损坏情况,桥梁防护水毁情况,涵洞有无堵塞,通道有无积水,隧道排水设施有无淤塞等。

②大风时:路面、中央分隔带有无散落物,标志牌、隔离栅、防眩板(网)等交通安全设施有无变形、倾斜,植物损毁情况等。

③大雾后:车辆事故或阻塞时,路面、中央分隔带有无散落物,护栏有无变形、损坏等。

④降雪时:路面、桥面有无积雪、结冰、溜滑,护栏有无变形、损坏等。

⑤其他:根据受损范围和部位进行检查。

(10)工作内容。

①协助业主按巡查内容检查。

②协助业主记录病害类型、位置、数量、尺寸、损坏程度,必要时应现场拍照。

③协助业主填写“维修保养(特殊情况)巡查记录表”。

七、专项巡查

(1)定义:根据日常巡查、定期巡查结果,针对需要进一步查明某些出现数量较多或较严重破损、病害的详细情况而进行的专门、细致的静动态相结合的检查。

(2)目的:为承包人针对性地制订月度、季度维修保养计划及业主制订养护专项工程计划、下发“维修保养通知单”提供依据。

(3)巡查组织:业主主持,总监理工程师负责,专业监理工程师、驻地监理工程师、监理员协助,承包人配合。

(4)巡查方式:步行与行车相结合。

(5)巡查工具:钢板尺、皮尺、线绳、照相机等。

(6)记录工具:笔、本、记录表。

(7)巡查频率。

①定期

路面裂缝巡查:每年11月底或第一次降温后,步行巡查。

绿化巡查:每年3月、10月。互通区步行巡查,中央分隔带和其他部位乘车巡查。

交通安全设施巡查:每年4月初,乘车巡查。

②随机

根据现场实际情况和养护需要,向业主建议进行专项巡查。

(8)巡查范围:高速公路主线、连接线、互通区及匝道、收费站广场、服务区道路。

(9)巡查内容。

①路基:大于$10m^3$水毁,大于$3m^3$圬工破损,防护、排水设施损毁,路缘石、拦水带破损情况等。

②路面:路面车辙、裂缝、坑槽和唧泥,服务区、收费站水泥混凝土路面及接缝损坏情况等。

③交通安全设施:标志牌、标线、护栏、隔离栅、防眩板(网)等的缺失、破损、老化情况等。

④桥梁:桥面车辙、桥头跳车、铺装层破损、单板受力、伸缩缝损坏、支座损坏情况等。

⑤涵洞、通道:结构破损、位移、沉降、裂缝、漏水,圬工防护、排水设施损毁等。

⑥隧道:衬砌、洞口出现的破损、变形、位移、沉降、裂缝、漏水情况等。

⑦绿化:苗木、地被缺失、枯死情况等。

(10)工作内容。

①协助业主按巡查内容检查。

②协助业主记录病害类型、位置、数量、尺寸、损坏程度,必要时应现场拍照。

③协助业主填写“维修保养(专项检查)巡查记录表”,作为承包人针对性制订月度、

季度维修保养计划及业主制订养护专项工程计划、下发“维修保养通知单”的依据。

第三节　维修保养工程考核制度

一、考核的含义

维修保养工程的考核,是对承包人日常保养与管理及路面、桥涵隧、路基、交通安全设施、环保设施养护状况等方面的综合量化考核,是对养护承包人的技术、管理水平及维修保养质量、效率的科学评价。

绿化维修保养工程的考核,是对承包人的绿化维修保养、施工管理、内业内务管理等方面的综合量化考核,是对养护承包人的技术、管理水平及养护质量、效率的履约评价。

二、考核指标

1. 维修保养工程

(1)综合养护指数

综合养护指数 =0.2×路面状况 +0.15×桥涵隧状况 +0.15×路基状况 +0.2×交通安全设施状况 +0.3×日常管理,是计量周期的考核指标。

(2)国际平整度指数

该指数是由专业检测机构对路面平整度进行检测的结果,是年度计量的考核指标。

2. 绿化养护工程

绿化养护指数:

绿化养护指数 =0.7×绿化日常养护分值 +0.2×绿化施工管理分值 +0.1×内业内务管理分值,是计量周期的考核指标。

三、考核方式

主要为日常考核、季度考核和年度考核。

四、考核方法

按施工合同规定的方法进行检查、考核。

五、考核结果

考核结果是对承包人的履约评价,也是对承包人计量支付与合同管理的依据。

第四节　会议与报告制度

一、工地会议制度

工地会议包括:第一次工地会议、周(月)例会和专题会议。

1. 第一次工地会议

(1)在项目开工前召开,由总监理工程师主持,业主和承包人主要人员参加。

(2)会议主要内容为:建立工作联系,通报各方工作准备情况,介绍监理工作程序、文件报送与往来信函程序及每周(月)例会安排,对开工事宜提出明确要求。

(3)合同工程师负责记录,会后整理会议纪要,经业主审核后,抄报(送)各方并存档。

2. 每周(月)例会

(1)每周(月)召开一次,总监理工程师或驻地监理工程师主持,承包人、业主参加。

(2)会议主要内容为:本周(月)养护工作情况、完成的主要工作量、存在的问题、需要解决的问题和就重要事项进行讨论。

(3)合同工程师负责记录,会后整理会议纪要,经业主审核后,抄报(送)各方并存档。

3. 专题会议

(1)当遇到重要的技术、安全、质量问题或其他紧急情况时,应针对具体问题召开由相关人员参加的专题会议,针对问题进行讨论并达成共识。

(2)合同工程师负责记录,会后整理会议纪要,经业主审核后,抄报(送)各方并存档。

二、报告制度

(1)监理工程师每月应向业主上报监理月报,承包人每月应向监理工程师和业主提交维修保养工程月报。

(2)监理月报应包括以下内容:

①工程概况。

②组织机构。

③本月巡查、考核工作情况。

④承包人合同执行情况

⑤合同外工程情况。

⑥安全生产情况。

⑦存在的问题及应采取的措施。

⑧本月监理工作总结。

⑨下月监理工作计划。

(3)承包人月报应包括以下内容:

①工程概况。

②人员组织机构。

③本月投入人员、设备和主要材料统计。

④本月工作情况和完成的主要工作量。

⑤合同外工程情况。

⑥安全生产情况。

⑦存在的问题及拟采取的措施。

⑧下月维修保养工作计划。

第五节　施工准备阶段监理

一、工作内容

(1)按合同要求组建监理机构,人员、设备按期进场。

(2)编制监理计划、监理细则和图表。

(3)组织监理学习、培训。

(4)了解、熟悉养护工程监管范围内的路基、路面、桥涵隧、交通安全设施、环保设施、绿化初始情况。

(5)协助业主进行维修保养工程施工合同谈判。

(6)熟悉合同文件、技术规范、检验评定标准和检测方法。

(7)检查承包人的人员、机械设备进场情况,审查承包人的质量、安全和环保保证体系及相关设备。

(8)检查承包人的试验室委托情况,审批承包人的进场材料和标准试验。

(9)审查承包人的维修保养计划和施工组织设计。

(10)检查承包人驻地选址和建设情况。

(11)审批承包人的总体开工报告,主持第一次工地例会,进行技术交底,签发开工令。

二、相关表格

相关表格见表3-3。

相关表格　　表3-3

表格名称	驻地办	总监办
开工令		签发、存档、上报
开工申请表	审批、上报	存档、上报
进场人员报验单	审批、上报	存档、上报
进场设备报验单（机械、试验、安全设备）	审批、上报	存档、上报
材料报验单	上报	审批、存档、上报
标准试验审批表	上报	审批、存档、上报
维修保养工程施工组织设计（含安全生产、环境保护）	审核、上报	审批、存档、上报

第六节　施工阶段监理

一、质量控制

1.基本要求

(1)路基

①路基各部分应经常保持完整,各部尺寸保持规定的标准要求,不损坏变形,经常处于完好状态。

②路肩无坑洼、隆起、沉陷、缺口,横坡适度,边缘顺适,表面平整、坚实、整洁,与路面接茬平顺。

③边坡稳定、坚固、平顺,无冲沟、松散,坡度符合规定。

④边沟、排水沟、截水沟、跌水井、泄水槽等排水设施无淤塞、蒿草,纵坡符合要求,排水畅通,进出口维护完好,保证路基、路面及边沟内不积水。

⑤挡土墙、护坡等设施保持完好无损坏,泄水孔无堵塞。

⑥通过对路缘石、拦水带的维修,保证其使用功能良好。

(2)路面

①及时、经常地对路面进行保养,保持良好的路容、路貌。

②及时、经常地对路面进行维修,防止路面坑槽、裂缝、壅包、松散等各种病害的产生和发展。

③通过对路面的保养和维修,保持和提高路面的平整度和抗滑能力,确保路面安全、舒适的行驶性能。

④通过对路面的维修和改善,保持和提高路面的强度,确保路面的耐久性。

⑤防止因路面损坏和养护操作污染沿线环境。

⑥为了确保行车安全,路面冰、雪应予及时清除。

(3)桥梁、涵洞、通道

①桥面应经常打扫并保持清洁,及时清除冰雪,泄水孔应经常疏通。

②及时修复桥面铺装层出现的病害。

③桥梁的护栏、标志、标线等交通安全设施完好。

④伸缩缝应经常保养,及时清除缝内杂物,及时调整和更换零部件,保持正常工作状态。

⑤经常对桥梁圬工防护进行巡查,及时对水毁、坍塌部位进行修复,保证其处于良好的工作状态。

⑥定期对桥梁支座进行检查,保证其处于正常的传递功能状态。若发现缺失或老化,应立即补装或更换。

⑦经常对涵洞进行巡查,及时清理淤泥、杂物和进行局部维修,保障水流能顺畅地通过涵孔,排到指定地点;保持涵洞洞身、涵底、进出水口、翼墙和填土的完好、清洁;保持涵顶不漏水。

⑧经常对通道进行巡查,及时清理积水、杂物和进行局部维修,保持通道墙身、通道底、排水设施、翼墙和填土的完好、清洁、不积水;保持通道顶不漏水。

(4)隧道

①洞口:及时清除洞口边仰坡上的危石、浮土,冬季应清除积雪和挂冰,保持洞口边沟和边坡上截水沟的完好、畅通,修复洞口挡土墙、护坡、排水设施和减光设施等结构物的轻微损坏,维护洞口花草树木的完好。

②洞身:出现衬砌起层或剥离,应及时加以清除或加固;对衬砌的渗漏水,可将水流引入边沟排出,冬季应及时清除洞顶挂冰等。

③路面:及时清除隧道内外路面上的散落物;及时修复、更换损坏的井盖或其他设施的盖板;当路面出现渗漏水时,应及时处理,将水引入边沟排出,防止路面积水或结冰;冬季应及时清除洞口的积雪。

④人行或车行横洞:横洞内严禁存放任何物品,及时清除散落杂物,修复轻微破损的结构,定期检查、保养洞口,确保横洞清洁、畅通。

⑤顶板和内装:吊板应保持整洁、完好,及时修补其破损变形的板块,并更换老化、脏污而不能修复的旧板。内装板须保持整洁、完好,当发现其有破损、脏污或掉落时,及时进行修复、更换和补充。

⑥检修道:及时清除散落杂物,修复轻微破损的地砖,保证清洁、完好。

⑦排水沟:经常对排水沟进行巡查,及时清理杂物和局部维修,保证排水顺畅、完好。

(5)交通安全设施

①经常清除护栏周围的杂草、杂物,经常清洗护栏表面积尘、油污,保持其清洁。

②护栏表面涂层损坏,应及时修补;及时对变形部位进行校正,对缺失配件进行补装;因交通事故或自然灾害造成护栏缺损或变形,应及时修复或更换,保证美观、完整、顺畅。

③定期对标志进行清洗,及时对倾斜、缺件、反光膜脱落的标志进行维修,保证其美观、完整、反光效果良好。

④经常清扫标线,缺损时应及时补画,保证其清洁、完整、反光效果良好。

⑤及时清洗防眩板(网),及时对变形部位进行校正,对缺失配件进行补装及对损坏部位进行更换,保证其完整、整洁、美观。

⑥定期对隔离栅、防落网进行清理、清洁,及时对变形部位进行校正,对缺失配件进行补装及对损坏部件进行更换,保证其完整、整洁、美观。

(6)环境保护设施

定期对声屏障进行清洁,及时对变形部位进行校正,对缺失配件进行补装及对损坏部件进行更换,保证其完整、整洁、美观、隔音效果良好。

(7)绿化

①定期进行修剪、浇水、施肥、病虫害防治,保证植物长势良好,无明显枯死枝、徒长枝,无明显病虫害和人为损害。

②中央分隔带及土路肩种植苗木侧向不超过护栏板,地被不超过路缘石外沿。

③草皮修剪平整,高度不超过20cm,杂草率不超过5%,覆盖率不低于90%。

④及时对缺损苗木、花草进行补栽,保证绿化效果。

2.工作内容

(1)根据"维修保养通知单",对维修工程及除雪融冰的施工工序进行旁站监督、巡视和施工质量的验收与考核。

(2)根据施工合同的规定,对保养工程及除雪融冰的质量进行考核。

3.工作方法

(1)保养工程的质量监理

①驻地监理工程师、专业监理工程师负责对保养工程的巡查工作,并纠正不正确的保养方法。

②驻地监理工程师、专业监理工程师对保养质量不合格的内容进行质量考核扣分,并书面通知承包人限期返工。

③驻地监理工程师、专业监理工程师对保养质量再次不合格的承包人进行累计质量考核扣分,并下发整改通知。

(2)维修工程及除雪融冰的质量监理

①根据"维修保养通知单",总监理工程师向驻地监理工程师布置监理任务。驻地监理工程师安排监理员进行旁站监督、巡视。

②监理员、专业监理工程师按照《公路养护技术规范》(JTG H10—2009)、《公路沥青

路面养护技术规范》(JTJ 073.2—2001)、《公路水泥混凝土路面养护技术规程》(JTJ 073.1—2001)、《公路桥涵养护规范》(JTG H11—2004)、《公路隧道养护技术规范》(JTG H12—2003)的相关规定,并结合《高速公路路面养护标准化施工手册》,对维修工程的工序进行旁站监理、巡视,现场纠正不正确的操作方法。

③专业监理工程师对原材料、标准试验进行审批,建立审批台账。

④监理员或专业监理工程师对完工后的质量进行中间交工验收,并在"维修工程质量验收单"上签字认可,驻地监理工程师签发"工程认可证书"和"中间交工证书"。验收频率为100%。

⑤驻地监理工程师根据验收结果,对维修及除雪融冰质量不合格的承包人进行质量考核扣分,并书面通知限期返工。

⑥驻地监理工程师根据验收结果,对维修及除雪融冰质量再次不合格的承包人进行质量考核累计扣分,并下发整改通知。

4. 工作流程

(1)保养工程质量监理流程见图3-3。

(2)维修工程、除雪融冰质量监理流程见图3-4。

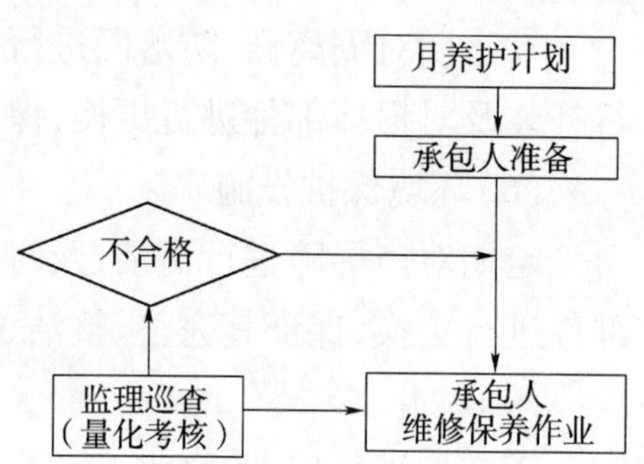

图3-3 保养工程质量监理流程图

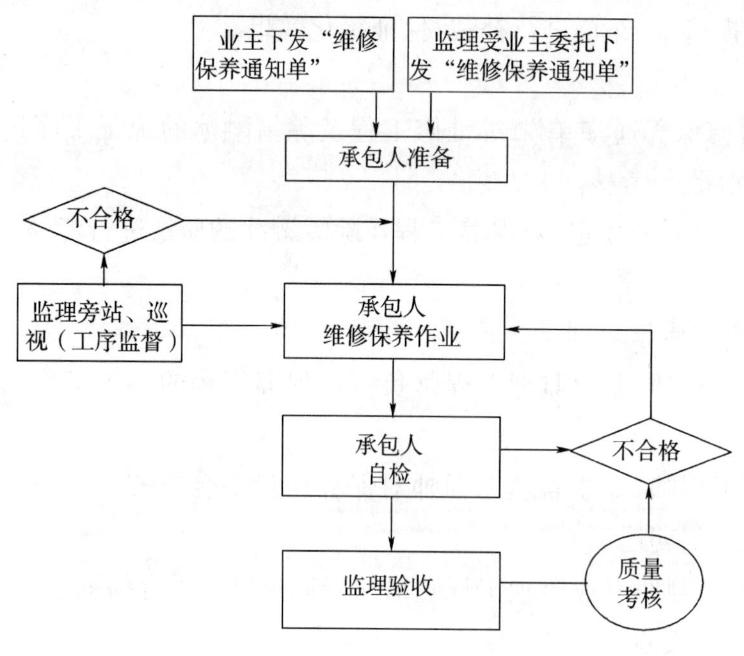

图3-4 维修工程、除雪融冰质量监理流程图

5. 相关表格

(1)保养工程(表3-4)

保养工程表格　　表 3-4

表格名称	驻地办	总监办
维修保养通知单	接收	接收、转发或根据业主授权下发、存档
工程报验单	签认、上报	存档
工程认可证书	签认、上报	存档
中间交工证书	签认、上报	存档
监理工程师通知	下发、上报、存档	存档、上报
维修保养工程日报表	审核、上报	审核、汇总、上报、存档
维修保养工程旬报表	审核、上报	审核、汇总、上报、存档
维修保养工程月报表	审核、上报	审核、汇总、上报、存档
维修保养工程考核表	编制、上报	签认、上报、存档

(2)维修工程、除雪融冰(表 3-5)

维修工程、除雪融冰表格　　表 3-5

表格名称	驻地办	总监办
维修保养通知单	接收	接收、转发或根据业主授权下发、存档
工程报验单	签认、上报	存档
材料报验单		签认、存档
试验记录表		签认、存档
维修工程验收单(质量)	签认	签认、存档
化学除雪融冰检验记录表*	旁站、签认、上报	存档
机械、人工除雪检验记录表*	旁站、签认、上报	存档
工程认可证书	签认、上报	存档
中间交工证书	签认、上报	存档
维修保养工程日报表	审核、上报	审核、汇总、上报、存档
维修保养工程旬报表	审核、上报	审核、汇总、上报、存档
维修保养工程月报表	审核、上报	审核、汇总、上报、存档
监理工程师通知	下发、上报、存档	存档、上报
维修保养工程考核表	编制、上报	签认、上报、存档

注:表中带“*”号的表格,指除雪融冰的专用表格。

二、安全监理

1. 工作内容

(1)审核、审批承包人的安全生产组织机构、规章制度和保证措施。

(2)检查承包人的安全生产设备、安全防护用具是否符合国家相关安全规定,是否满足现场安全生产需要。

(3)检查现场控制区的布置和养护作业是否满足《公路养护安全作业规程》(JTG H30—2004)的要求。

(4)根据施工合同的规定,对承包人的安全生产进行考核。

2. 工作方法

(1)总体开工前,驻地监理工程师、专业监理工程师审核承包人维修保养工程的安全生产组织机构、规章制度和保证措施。审核后及时上报总监办。

(2)总监理工程师及时完成组织机构、规章制度和保证措施的审批。

(3)驻地监理工程师、专业监理工程师、总监理工程师对不切合实际的规章制度和保证措施,提出修改意见后退还承包人,修改后重新申报。

(4)总监理工程师审核批准后,上报业主。

(5)监理员、专业监理工程师在维修保养作业前,检查承包人是否按《公路养护安全作业规程》(JTG H30—2004)的要求布置控制区。

施工过程中,监理员、专业监理通过旁站、巡视方式,检查承包人的维修保养作业是否符合安全生产要求。对现场发现的违反安全生产的问题,应立即制止和纠正。

(6)驻地监理工程师、专业监理工程师、总监理工程师,通过巡查方式,检查、考核承包人维修保养作业是否符合安全生产要求。对现场发现的违反安全生产的问题,应立即制止和纠正;同时,对承包人进行安全生产考核扣分,并下发整改通知。

3. 工作流程

安全监理工作流程见图3-5。

4. 相关表格

相关表格见表3-6。

相关表格　表3-6

表格名称	驻地办	总监办
监理工程师通知 (整改通知)	下发、上报、存档	存档、上报
维修保养工程考核表	编制、上报	签认、上报、存档

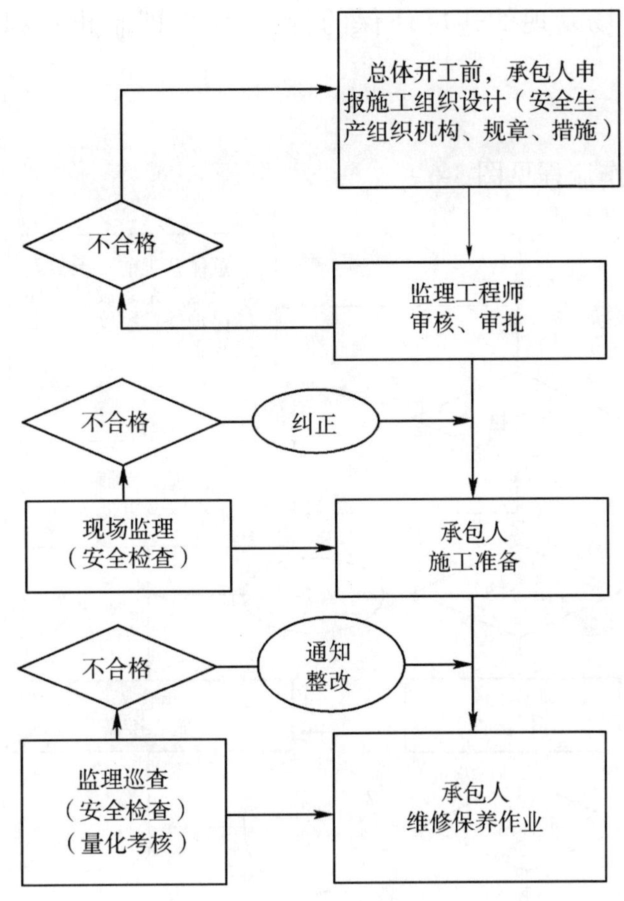

图 3-5　安全监理工作流程图

三、环保监理

1. 工作内容

(1)审核、审批承包人的环境保护规章制度和保证措施。

(2)检查承包人的维修保养作业是否符合环境保护的要求。

2. 工作方法

(1)总体开工前,驻地监理工程师、专业监理工程师审核承包人的环境保护规章制度与保证措施。

(2)总监理工程师及时完成环保规章制度和保证措施的审批。

(3)驻地监理工程师、专业监理工程师、总监理工程师对不切合实际的规章制度和保证措施,提出修改意见后退还承包人,修改后重新申报。

(4)总监理工程师审核批准后,上报业主。

(5)监理员、专业监理工程师在旁站、巡视监理过程中,对施工噪声、扬尘、废料处理进行监督,及时制止和纠正违反环境保护的行为。

(6)驻地监理工程师、专业监理工程师通过巡查方式检查承包人的养护作业是否符合环保要求。对现场发现的违反环保的行为,应立即制止和纠正,同时,书面通知整改。

3. 工作流程

环境保护监理工作流程见图 3-6。

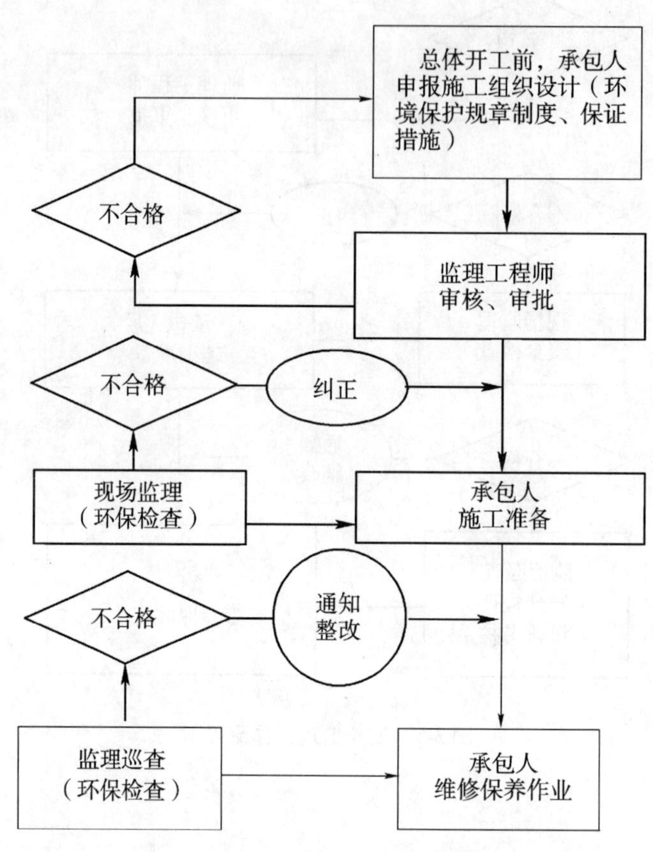

图 3-6 环境保护监理工作流程图

4. 相关表格

相关表格见表 3-7。

相关表格 表 3-7

表格名称	驻地办	总监办
监理工程师通知(整改通知)	下发、上报、存档	存档、上报
维修保养工程考核表	编制、上报	签认、上报、存档

四、费用监理

1. 工作内容

(1)依据合同规定的周期,对承包人完成的维修保养工程进行验收、考核。

(2)依据日常、月、季度考核结果,审批承包人的中期计量申报材料,办理中期支付手续。

(3)缺陷责任期满,审批承包人的最终计量资料,办理最终养护工程结算手续。

2. 工作方法

(1)每计量周期末,承包人上报当期计量资料,驻地监理工程师、专业监理工程师根据日常、月、季度考核的结果(包括旁站、巡视、验收结果和驻地监理工程师、专业监理工程师及总监理工程师、业主的巡查结果),计算维修保养工程当期的综合养护指数、绿化养护指数。签认后,上报总监办。

(2)合同工程师审核承包人的当期计量资料,复核综合养护指数和绿化养护指数,按施工合同规定计量原则,编制计量说明,审定、签认计量金额。

(3)总监理工程师参与各合同段的日常、月、季度的考核,审批中期计量资料,签署中间支付证书。

(4)每年末的计量支付。不仅将综合养护指数作为计量依据,同时还需要将试验检测机构提供的国际平整度指数作为计量依据,按照施工合同规定,办理计量支付手续。

(5)最终支付。缺陷责任期满,根据承包人在缺陷责任期的履约情况,按施工合同规定进行结算,办理最终计量支付手续。

(6)计日工的计量支付:

①业主下发"维修保养通知单",承包人根据现场发生的实际费用提交合同外工程申报资料。

②驻地监理工程师、专业监理工程师、监理员负责现场核查承包人实际投入的人员、机械、材料数量。

③合同工程师负责测算、确认合同外工程实际费用。

④总监理工程师签认后,上报业主批准。

⑤业主批准后,纳入当期计量支付。

3. 工作流程

费用监理工作流程见图3-7。

4. 相关表格

相关表格见表3-8。

相关表格　　表3-8

表格名称	驻地办	总监办
付款申请表	上报	审批、上报、存档
支付证书		审批、上报、存档
计量说明	编制、上报	审批、上报、存档
合同工程计量申报表		审批、上报、存档

续上表

表格名称	驻地办	总监办
计量计算表		审批、上报、存档
综合养护指数计算表	编制、上报	审批、上报、存档
绿化养护指数计算表		编制、审批、上报、存档
国际平整度指数汇总表(附平整度检测数据)	编制、上报	审批、上报、存档
计日工计量申报表(附计日工计算表)	审核、上报	审批、上报、存档
计量台账		存档

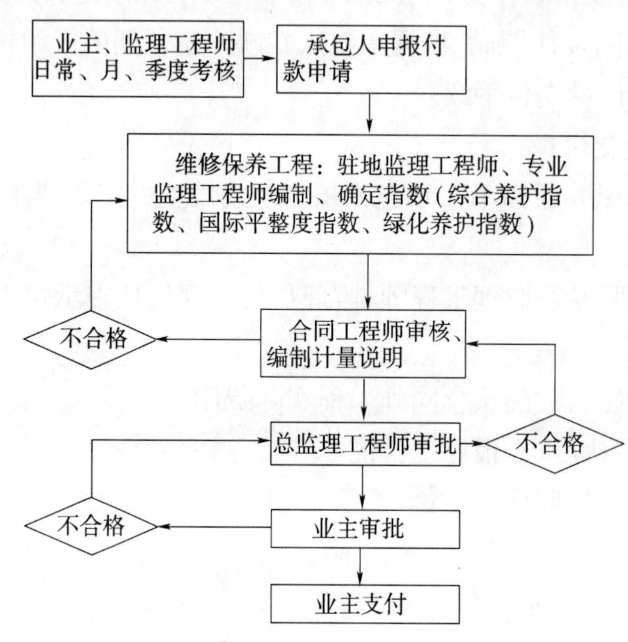

图 3-7　费用监理工作流程图

五、进度监理

1. 工作内容

(1)审核、审批承包人的维修保养工程月施工计划,并检查承包人的进度计划落实情况。

(2)根据维修保养工程及除雪融冰通知单规定的时效,检查承包人的进度计划落实情况。

(3)根据施工合同的规定,对维修保养工程及除雪融冰的进度进行考核。

2. 工作方法

(1)月施工计划的监理

①驻地监理工程师、专业监理工程师及时审核承包人的维修保养工程施工计划，审批后及时上报总监办。

②总监理工程师及时完成施工计划的审批。

③驻地监理工程师、专业监理工程师、总监理工程师对不切合实际的施工计划，提出修改意见后退还承包人，修改后重新申报。

④总监理工程师审核批准后，上报业主审批。

⑤驻地监理工程师、专业监理工程师通过巡查方式，检查承包人是否按施工计划中规定的时间完成维修保养作业。

⑥根据施工合同规定，驻地监理工程师、专业监理工程师对未按施工计划中规定的时间、频率完成养护作业的承包人进行时效考核扣分，并书面通知限期完成。

⑦根据施工合同规定，驻地监理工程师、专业监理工程师对再次未按施工计划中规定的时间、频率完成养护作业的承包人进行时效考核累计扣分，并下发整改通知。

(2)“维修保养通知单”规定时效的监理

①监理员、专业监理工程师旁站、巡视、督促承包人按“维修保养通知单”规定的时效完成维修保养任务。

②驻地监理工程师、专业监理工程师巡查承包人的时效落实情况。

③驻地监理工程师、专业监理工程师对未在规定时效内完成养护作业的承包人进行时效考核扣分，并书面要求承包人加大人员、设备投入力度，限期完成任务。

④驻地监理工程师、专业监理工程师对再次未在规定时效内完成“维修保养”作业的承包人进行时效考核累计扣分，并下发整改通知。

3. 工作流程

月施工计划的监理工作流程见图3-8，“维修保养通知单”规定时效的监理工作流程见图3-9。

4. 相关表格

相关表格见表3-9。

相关表格　　表3-9

表格名称	驻地办	总监办
承包人申报表(月施工计划)	审核、上报	审批、上报、存档
维修保养通知单	接收、存档	接收、转发或根据业主授权下发、存档
维修工程验收单(进度)	签认	签认、存档
维修保养工程考核表	编制、上报	签认、上报、存档
监理工程师通知(纠正通知、整改通知)	下发、上报、存档	存档、上报

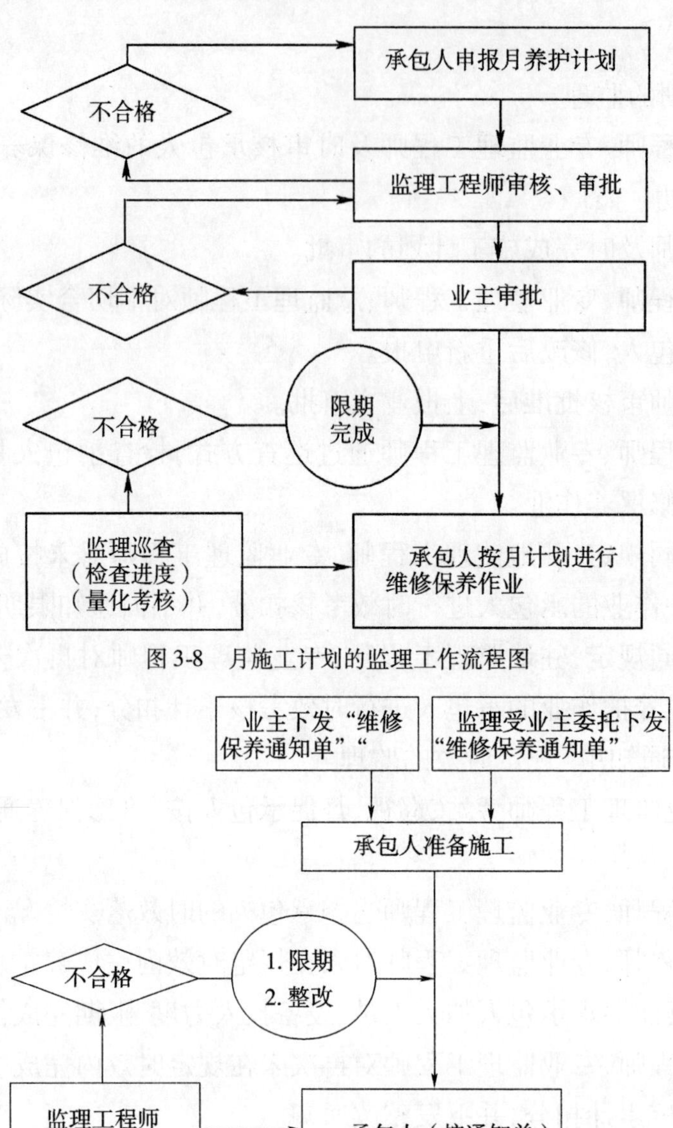

图 3-8　月施工计划的监理工作流程图

图 3-9　“维修保养通知单”规定时效的监理工作流程图

六、合同监理

1. 工作内容

(1)核查工程保险。

(2)核定计日工。

(3)违约处理。

(4)争端调解。

2. 工作方法

(1)核查工程保险

①合同工程师检查承包人的养护工程保险单、发票。

②通过电话、传真方式查询保单、发票的真伪。

③对未办理或提供虚假保单、发票的承包人,书面通知整改,并检查落实情况。

(2)核定计日工

①驻地监理工程师、专业监理工程师审查承包人提交的合同外工程申报资料。

②驻地监理工程师、专业监理工程师、监理员负责现场核查承包人实际投入的人员、机械、材料数量。

③合同工程师负责测算、确定合同外工程实际费用。

④总监理工程师审核批准后,上报业主批准。

⑤业主批准后,作为计量支付的依据。

(3)违约处理

①驻地监理工程师认为违约事件可能发生时,应及时书面报告总监办,合同工程师、总监理工程师核实、签认后,上报业主。

②违约事件发生时,驻地监理工程师、专业监理工程师应调查分析,掌握情况,收集相关证据,书面报告总监办。

③合同工程师、总监理工程师进行核实、签认,并依据合同规定提出处理建议后,上报业主审批、处理。

(4)争端调解

①接到业主、承包人一方或双方的争端调解申请时,驻地监理工程师、专业监理工程师调查和收集相关资料,合同工程师、总监理工程师核实后提出解决建议,对双方进行公平调解。

②仲裁或诉讼时,合同工程师、总监理工程师有义务作为证人,实事求是地向仲裁机关或法院提供有关证据。

3. 工作流程

核查工程保险监理工作流程见图3-10。

核定计日工监理工作流程见图3-11。

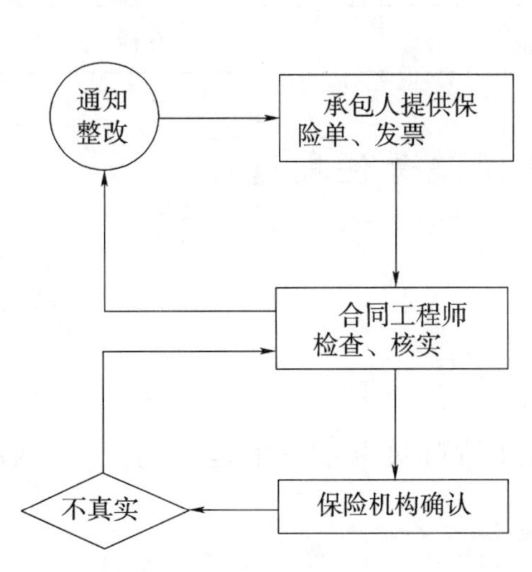

图3-10　核查工程保险监理工作流程图

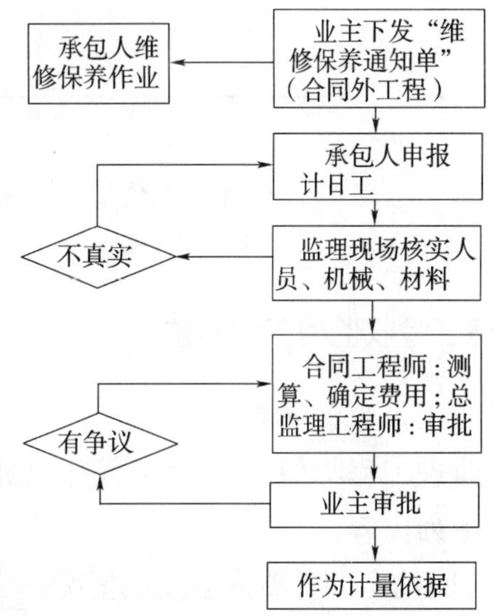

图3-11　核定计日工监理工作流程图

违约处理监理工作流程见图3-12。

争端调解监理工作流程见图3-13。

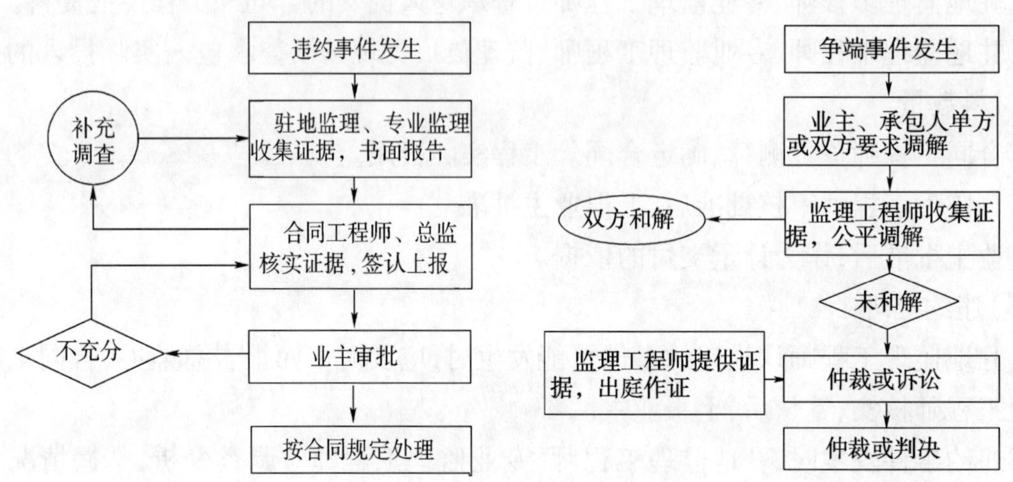

图3-12　违约处理监理工作流程图　　　图3-13　争端调解监理工作流程图

4. 相关表格

相关表格见表3-10。

相关表格　　表3-10

表格名称	驻地办	总监办
监理工程师通知(违约整改通知)	接收、转发、存档	下发、存档、上报
计日工申报表(附合同外工程申报表、维修保养通知单)	审核	核定、审批、上报、存档
监理工程师报告(附证明材料)	编制、建议、上报	签认、建议、上报
调解申请	上报	存档

第七节　交工验收及缺陷责任期监理

一、交工验收监理工作方法

1. 审查交工验收申请

驻地监理工程师、专业监理工程师、总监理工程师负责审查承包人的交工验收申请，重点检查下列内容：

(1)合同约定的各项内容完成情况。

(2)施工单位自检、评定结果。

(3)交工资料的完整性。

(4)养护工程施工执行情况报告的完成情况。

2. 编制交工文件

总监理工程师组织总监办、驻地办编制监理交工文件,内容如下:

(1)与业主、承包人往来文件。

(2)监理指令、通知。

(3)监理巡查记录、验收资料。

(4)检查、考核资料。

(5)计量资料。

(6)备忘录。

(7)会议纪要。

(8)监理日记。

(9)图片资料。

3. 评定工程质量与编制监理工作报告

(1)专业监理工程师负责对维修保养工程质量进行评定。

(2)总监理工程师负责编制监理工作执行情况报告。

4. 参加交工验收

(1)总监理工程师组织监理人员参与交工验收。

(2)接受验收组对监理资料的检查。

(3)协助业主检查承包人的合同执行情况。

(4)协助业主评定各合同段质量。

(5)协助业主完成交工验收报告。

5. 审批交工计量资料

交工证书签发后,驻地监理工程师、专业监理工程师、合同工程师、总监理工程师审核、审批交工计量资料,办理交工支付手续。

二、缺陷责任期责任监理

1. 当发生缺陷质量问题时

(1)确定缺陷的类型、数量,建议业主下发缺陷维修通知单。

(2)对承包人的缺陷修复作业的质量与时效进行监督。

2. 缺陷责任期满后

(1)协助业主检查承包人缺陷责任期合同执行情况。

(2)签发缺陷责任期终止证书。

(3)审核、审批最终支付申请。